Unzufrieden im Beruf?

Brigitte Bürger

Unzufrieden im Beruf?

Die berufliche
Neuorientierung wagen –
auch ab dem mittleren Alter

Brigitte Bürger
Seminare & Coaching
Köln, Deutschland

ISBN 978-3-662-57507-9   ISBN 978-3-662-57508-6 (eBook)
https://doi.org/10.1007/978-3-662-57508-6

Die Deutsche Nationalbibliothek verzeichnet diese Publikation in der Deutschen Nationalbibliografie; detaillierte bibliografische Daten sind im Internet über http://dnb.d-nb.de abrufbar.

© Springer-Verlag GmbH Deutschland, ein Teil von Springer Nature 2019
Das Werk einschließlich aller seiner Teile ist urheberrechtlich geschützt. Jede Verwertung, die nicht ausdrücklich vom Urheberrechtsgesetz zugelassen ist, bedarf der vorherigen Zustimmung des Verlags. Das gilt insbesondere für Vervielfältigungen, Bearbeitungen, Übersetzungen, Mikroverfilmungen und die Einspeicherung und Verarbeitung in elektronischen Systemen.
Die Wiedergabe von Gebrauchsnamen, Handelsnamen, Warenbezeichnungen usw. in diesem Werk berechtigt auch ohne besondere Kennzeichnung nicht zu der Annahme, dass solche Namen im Sinne der Warenzeichen- und Markenschutz-Gesetzgebung als frei zu betrachten wären und daher von jedermann benutzt werden dürften.
Der Verlag, die Autoren und die Herausgeber gehen davon aus, dass die Angaben und Informationen in diesem Werk zum Zeitpunkt der Veröffentlichung vollständig und korrekt sind. Weder der Verlag noch die Autoren oder die Herausgeber übernehmen, ausdrücklich oder implizit, Gewähr für den Inhalt des Werkes, etwaige Fehler oder Äußerungen. Der Verlag bleibt im Hinblick auf geografische Zuordnungen und Gebietsbezeichnungen in veröffentlichten Karten und Institutionsadressen neutral.

Umschlaggestaltung: deblik Berlin
Einbandabbildung: © contrastwerkstatt/stock.adobe.com
Illustrationen: Harald Schröder (www.harrytoon.de)

Gedruckt auf säurefreiem und chlorfrei gebleichtem Papier

Springer ist ein Imprint der eingetragenen Gesellschaft Springer-Verlag GmbH, DE und ist ein Teil von Springer Nature
Die Anschrift der Gesellschaft ist: Heidelberger Platz 3, 14197 Berlin, Germany

Für meine Schwester Ruth

Vorwort

Vielleicht kennen Sie das: Sie können sich manchmal nicht vorstellen, in den nächsten zehn Jahren so weiterzuarbeiten in Ihrem Job. Vielleicht wünschen Sie sich eine neue Herausforderung, träumen davon, sich weiterzuentwickeln oder etwas zu finden, das Ihnen wirklich am Herzen liegt.

Ich treffe oft Menschen, denen es so geht. Manchmal führt auch eine Erkrankung dazu, dass man sich gedanklich mit einem Neuanfang beschäftigt. Doch wie kommt man tatsächlich dorthin? Das ist erst einmal unklar – zumal sich viele in so einer Situation fragen: Was ist mit meiner Sicherheit? Eine Frage, die nicht nur finanzielle Aspekte betrifft, sondern auch den beruflichen Erfahrungsschatz, über den wir verfügen. Ob Handwerksunternehmer, Senior Expert oder Logistiker in einem Verlag, freie Journalistin oder Krankenpfleger: Sie kennen sich bestens aus in Ihrem Berufsfeld, vielleicht auch in mehreren Branchen, haben in Familienunternehmen oder in einem großen Konzern gearbeitet. All das liegt nun, bildlich gesprochen, in der einen Waagschale – neben der erreichten Gehaltsstufe, Ihrem Ruf als Experte oder Expertin, den Sie sich erarbeitet haben, erworbenen Privilegien und, nicht zu vergessen, einer beruflichen Identität, auf die Sie stolz sind, gelegentlich zumindest. In der anderen Waagschale liegt, so stelle ich mir vor, das, wovon Sie einmal geträumt haben, das, was Sie immer haben tun wollen. Vielleicht liegt da auch so etwas wie Langeweile, Uninspiriertsein, Vorhersehbarkeit, Routine.

Wie kann es Ihnen gelingen, den Blick von der Waage zu lösen, sich umzuschauen und dann nach vorn zu blicken? Wie lässt sich eine berufliche Perspektive, eine positive Orientierung auf die Zukunft entwickeln? Darum geht es in diesem Ratgeber. Es geht *nicht* um Selbstoptimierung („höher, schneller, weiter"), sondern um Anregungen für eine kraftvolle Ausrichtung und einen stimmigen Weg. Ein individuell stimmig gesetztes Ziel entfacht Energie und Motivation. Nicht viele Optionen zu haben ist wichtig, sondern die individuellen Stärken im Eigenen, im Besonderen zu verbinden mit der neuen Perspektive. Wer damit wertschätzend unterwegs ist, der kann im Beruf Zufriedenheit finden.

In dieses Buch sind die Erfahrungen aus vielen Seminaren und Trainings eingeflossen, die ich in den letzten Jahren zu den Themen „Motivation" und „Zufrieden im Beruf" gegeben habe, ebenso meine Erfahrungen aus Coachings mit Fach- und Führungskräften aus verschiedenen Berufsbereichen. Einigen dieser Teilnehmerinnen und Teilnehmer werden Sie in den folgenden Kapiteln begegnen – manchen mehrmals und unter verschiedenen Aspekten. Inspiration und wichtige Anregungen für dieses Buch verdanke ich Gunther Schmidt und seinem wunderbaren „44. Curriculum" (Kompetenzaktvierende hypnosystemische Konzepte für Coaching, Persönlichkeits-, Team- und Organisationsentwicklung).

Wie Sie dieses Buch nutzen können
Jedes Kapitel ist in sich abgeschlossen. Sie können also auswählen, was gerade passt, Sie können aber auch chronologisch vorgehen. Für das Verständnis der dargestellten Zusammenhänge ist es nicht unbedingt erforderlich, die vorgeschlagenen Übungen zu machen. Wenn Sie sich jedoch entschließen, die Übungen zu nutzen, empfehle ich Ihnen, eine Mappe anzulegen, um das Erarbeitete zu sammeln und vielleicht später fortzuführen. Die Übungen in Kap. 5 und 6 dienen der beruflichen Bestandsaufnahme; die Übungen in Kap. 7, 8 und 9 unterstützen Sie bei der Entwicklung von Ideen in der Frage, wo es für Sie beruflich hingehen soll. Und wer bereits auf dem Weg ist, wird vielleicht von den Übungen zum Umgang mit Hindernissen, Antreibern und widerstrebenden Impulsen in Kap. 10, 11 und 12 profitieren.

Zu guter Letzt ein sprachlicher Hinweis: Aus Gründen der besseren Lesbarkeit habe ich bei allgemeinen, grundsätzlichen Überlegungen meist die männliche Form verwendet. Das schließt jedoch ausdrücklich beide Geschlechter ein.

Dank

An erster Stelle gilt mein Dank all denen, die mich an ihren Erfahrungen teilhaben ließen. Diese Erfahrungen sind als Beispiele in dieses Buch eingeflossen. Danken möchte ich außerdem allen, die erste Fassungen des Manuskripts gelesen und mit mir diskutiert haben: Dr. Georg Wieghaus, Ruth Bürger, Monika Radecki, Inke Geiger und Susanne Müller-Geiger. Ich danke Joachim Coch, der sich im Verlag dafür eingesetzt hat, dass dieses Buch entsteht, für seine motivierende und unterstützende Begleitung; Judith Danziger für ihr engagiertes Projektmanagement und Dörte Fuchs für das kluge und kundige Lektorat.

Köln
im Mai 2018

Brigitte Bürger

Inhaltsverzeichnis

1 Berufliche Umorientierung jenseits von Mitte 40 – was Sie davon haben   1
1.1   Sie haben viele Möglichkeiten   2
1.2   Sie entscheiden selbst, wie viel Sie verändern und wie weit Sie gehen wollen   5
1.3   Betrachten Sie Ihr Alter als Ressource   6
1.4   Ihre berufliche Umorientierung sollte zur Lebensphase passen   11
1.5   Machen Sie die berufliche Neuorientierung zu Ihrer Sache   14
1.6   Die Arbeitswelt verändert sich – Sie können sich mit verändern   15
1.7   Fazit und Ausblick   18
Literatur   18

2 Unzufrieden? Neun Gründe, warum es sich lohnt, eigene Ziele zu haben ... 19
2.1 Was sind Ziele? ... 21
2.2 Wozu eigene berufliche Ziele? ... 27
2.3 Was passiert, wenn wir ein Ziel haben? ... 27
2.4 Fazit und Ausblick ... 32
Literatur ... 33

3 Zuallererst: Sammeln Sie Ihre Kräfte ... 35
3.1 Nutzen Sie, was Sie schon einmal geschafft haben ... 38
3.2 Gut mit Krisen umgehen ... 41
3.3 Fazit und Ausblick ... 45
Literatur ... 46

4 In welche Richtung soll es gehen? Werte und Ziele aufeinander abstimmen ... 47
4.1 Ziele und persönliche Werte ... 48
4.2 Was sind Werte? ... 50
4.3 Wie man den eigenen Werten auf die Spur kommt ... 52
4.4 Werte nutzen, um Zielkonflikte zu lösen ... 53
4.5 Fazit und Ausblick ... 54
Literatur ... 55

5 Orientierung auf die Zukunft: Wie Sie sich eigene berufliche Ziele setzen — 57

- 5.1 Wie finden Sie heraus, was Sie wollen? — 59
- 5.2 Eine erste Reflexion Ihrer Ziele — 60
- 5.3 Wie Sie Ziele so setzen, dass sie motivierende Kraft entfalten — 62
- 5.4 Starten Sie mit Ihren Vorlieben — 66
- 5.5 Entwickeln Sie Ihre langfristige berufliche Vision — 67
- 5.6 Wechseln Sie die Perspektive: Entdecken Sie das sofort Machbare — 70
- 5.7 So unterstützen Sie Ihr Ziel — 74
- 5.8 Fazit und Ausblick — 75
- Literatur — 76

6 Gewinnen Sie Klarheit über Ihre berufliche Kontur — 77

- 6.1 Eine Bestandsaufnahme Ihrer Tätigkeiten — 79
- 6.2 Warum es nicht reicht, zu wissen, welchen Beruf man künftig ausüben will — 82
- 6.3 Was war Ihnen wichtig bei Ihren Tätigkeiten? — 85
- 6.4 So finden Sie heraus, was Ihre Fähigkeiten sind — 88

	6.5	Ihre einzigartige berufliche Kontur	91
	6.6	Besondere Eigenschaften: Rückmeldungen anderer nutzen	93
	6.7	Fazit und Ausblick	96
	Literatur		97
7	**Neubau, Anbau oder Umbau – wie viel Veränderung streben Sie an?**		**99**
	7.1	Wenn Sie beruflich „neu bauen" wollen	101
	7.2	Wenn Sie beruflich „anbauen" wollen	105
	7.3	Parallel umbauen	108
	7.4	Fazit und Ausblick	112
	Literatur		113
8	**Wenn das Risiko überschaubar bleiben soll**		**115**
	8.1	Werfen Sie einen wertschätzenden Blick auf Ihren bisherigen Berufsweg	117
	8.2	Orientieren Sie sich am jetzt Machbaren	118
	8.3	So finden Sie Ansatzpunkte für nächste Schritte	124
	8.4	Wonach sehnen Sie sich eigentlich?	129
	8.5	Warum Handeln so wichtig ist	132
	8.6	„A bisserl was geht immer"	132

8.7	Wenn die zweite Wahl die bessere ist	135
8.8	Wenn eine Krise Ihnen keine Wahl lässt	137
8.9	Fazit und Ausblick	138
Literatur		139

9 Unterstützer mit ins Boot holen — 141

9.1	Kontakte gehören zu Ihren Ressourcen	142
9.2	Wer gehört zu Ihren Kontakten?	144
9.3	Wer kommt als Unterstützer für Ihr Ziel infrage?	145
9.4	Nutzen Sie Kontakte für Ihre Lieblingsideen	147
9.5	So gehen Sie vor: von bekannt zu unbekannt, von außen nach innen	151
9.6	Auch innere Unterstützer nutzen	152
9.7	Geben Sie sich die Erlaubnis, auch Fehler zu machen	155
9.8	Herausfinden, wo das Angebot passt	157
9.9	Gute Beziehungen öffnen uns Türen	159
9.10	Und wenn es schwerfällt?	160
9.11	Fazit und Ausblick	162
Literatur		163

10 Gut umgehen mit Hindernissen und Rückschlägen — 165

- 10.1 Wenn ein Problem verhindert, dass wir uns unserem Ziel zuwenden — 166
- 10.2 Wenn eine Gewohnheit unserem Ziel im Weg steht — 172
- 10.3 Wenn unsere aktuelle Lebenssituation uns Grenzen setzt — 174
- 10.4 Wenn unser Körper uns Grenzen setzt — 178
- 10.5 Wenn unsere Ziele nicht (mehr) mit den Zielen des Arbeitgebers harmonieren — 181
- 10.6 Fazit und Ausblick — 182
- Literatur — 183

11 Gut umgehen mit widerstreitenden Impulsen — 185

- 11.1 Was tun mit ambivalenten Gefühlen? — 189
- 11.2 Mit widerstreitenden Gefühlen vertraut werden — 194
- 11.3 Mit Kritikern umgehen — 195
- 11.4 Wie Sie mit Loyalitätszwickmühlen umgehen — 197
- 11.5 Fazit und Ausblick — 201
- Literatur — 202

12 Wenn ein Ziel zu sehr treibt — 203
12.1 Ziele entwickeln eine Dynamik — 205
12.2 Abstand gewinnen — 206
12.3 Antreiber ignorieren und sich entspannen? — 208
12.4 Wenn der Körper „Stopp!" sagt — 211
12.5 Angenommen, der Körper wäre klug … — 212
12.6 Das Ziel hilft, mit äußeren Antreibern umzugehen — 214
12.7 Fazit und Ausblick — 216
Literatur — 217

13 Und zuletzt: Veränderungen wahrnehmen — 219
13.1 Wenn der Aufbruch beflügelt — 220
13.2 Wenn Veränderung in kleinen Schritten daherkommt — 221
13.3 Wenn Veränderung uns mit der Vergangenheit hadern lässt — 224
13.4 Und wenn nicht mehr viel Zeit bleibt? — 226
13.5 Die Veränderung einladen — 227
13.6 Und wenn etwas nicht zu ändern ist? — 228
Literatur — 229

Sachverzeichnis — 231

Über die Autorin

Brigitte Bürger, M.A. (www.brigitte-buerger.de) unterstützt als Trainerin, Coach und Dozentin in der beruflichen Rehabilitation Menschen bei der Neu- und Umorientierung, u. a. nach Burn-out. Sie gibt Seminare, Gruppen- und Einzelcoachings für Fach- und Führungskräfte verschiedener Berufsgruppen sowie für Selbstständige in der Buch- und Medienbranche. Themenschwerpunkte: Motivation und Teambildung. Außerdem ist sie als Autorin in den Bereichen Personal, Aus- und Weiterbildung tätig.

1

Berufliche Umorientierung jenseits von Mitte 40 – was Sie davon haben

Was Sie in diesem Kapitel erwartet
Wenn Sie mit all Ihren Erfahrungen im Beruf, als Berufserfahrene oder -erfahrener, eine Umorientierung anstreben, dann haben Sie viele Möglichkeiten. Sie möchten Erreichtes möglichst nicht aufs Spiel setzen? Und das Künftige soll gut zu Ihrer jetzigen Lebensphase passen? In diesem Kapitel erfahren Sie, was Sie – gewissermaßen als Leitplanken zur Orientierung – für Ihre Überlegungen und Pläne nutzen können. Auch Bedenken gehören dazu. Statt sie zu zerstreuen, können Sie sich von ihnen helfen lassen.

1.1 Sie haben viele Möglichkeiten

Ich stelle mir vor, Sie haben dieses Buch in die Hand genommen, weil Sie etwas verändern wollen in Ihrem Berufsleben. Vielleicht sind Sie unzufrieden mit der Tätigkeit, die Sie ausüben, mit der Routine, mit Vorgesetzten oder Arbeitskollegen oder mit den Arbeitsbedingungen bei Ihrem jetzigen Arbeitgeber. Vielleicht denken Sie auch schon eine Weile darüber nach, vielleicht ist eine aktuelle Entwicklung im Unternehmen oder aber eine berufliche oder gesundheitliche Krise Anlass dafür.

Zunächst einmal: herzlichen Glückwunsch! Sie haben sich entschieden, Sie wollen etwas verändern. Für Seminarteilnehmer und Coachees ist das am Anfang oft das Einzige, was klar ist. *Was* sie ändern wollen und *wie* das gehen kann, das ist häufig noch unklar.

Berufliche Um- und Neuorientierung kann heißen: Sie setzen Ihre jetzige Karriere fort, in dem Unternehmen, in

1 Berufliche Umorientierung jenseits von Mitte 40 …

dem Sie arbeiten, oder in einem anderen Unternehmen. Es kann auch heißen, dass Sie Ihren Beruf wechseln, sich selbstständig machen oder zukünftig mehrere Berufe haben. Ich möchte Sie einladen zu entdecken: Sie haben viele Möglichkeiten. Und Sie haben, wenn Sie Mitte 40 oder älter sind, bereits Einiges erreicht in Ihrem Berufsleben.

Das unterscheidet uns Ältere von Berufseinsteigern: Wir kennen uns gut aus in unserem Bereich. Wir wissen, wie unsere Branche „tickt", und verfügen über umfangreiche Fachkenntnisse und ein berufliches Netzwerk. Wir haben uns eine Position im Unternehmen erarbeitet und genießen Anerkennung. Wir haben gut funktionierende Routinen für regelmäßig anfallende Tätigkeiten entwickelt, wissen, wie wir Kollegen und Kunden ansprechen müssen, damit es reibungslos läuft. Uns ist klar, worauf wir besonderes Augenmerk legen müssen und was nebenbei erledigt werden kann. Kurz gesagt: Wir haben viel erreicht, und das wollen wir möglichst nicht aufs Spiel setzen, wenn wir uns beruflich umorientieren. Das kann unsere finanzielle Absicherung ebenso betreffen wie unseren sozialen Status und unsere berufliche Identität. Seminarteilnehmer beschäftigen in dieser Situation deshalb oft folgende Fragen:

- Setze ich mit einer beruflichen Umorientierung nicht alles bisher Erreichte aufs Spiel?
- Bin ich nicht zu alt für eine berufliche Veränderung? Reichen meine Zeit und Kraft, um mir noch einmal etwas Neues aufzubauen?

Das ist verständlich, nicht wahr? Wie also entscheiden Sie dann, welchen Schritt Sie machen werden und wie groß dieser Schritt ist?

Ich möchte Sie in diesem Kapitel dafür gewinnen, die individuelle persönliche Stimmigkeit ins Zentrum zu setzen und zum Ausgangspunkt zu machen und erst dann über die Größe Ihres Schritts, über das Ausmaß der anstehenden Veränderung zu entscheiden.

> **Tipp**
> Setzen Sie Ihre individuelle persönliche Stimmigkeit ins Zentrum. Nutzen Sie sie als Navigationsinstrument.

Was meine ich damit? Sie wollen ja nicht einfach *irgendeine* Veränderung, *irgendeine* andere Arbeit, sondern eine, die zu Ihnen passt, zu Ihren Werten, Ihren Fähigkeiten und Ressourcen, eine Tätigkeit, die möglichst mit Themen zu tun hat, die Sie interessieren, in einem Arbeitsumfeld, das Sie bevorzugen. Und nicht zuletzt wünschen Sie sich eine Arbeit, die zu Ihren jetzigen Lebensumständen passt. Ich möchte Sie ermutigen, in dieser Hinsicht anspruchsvoll zu sein. Denn je besser eine Arbeit zu uns passt, desto zufriedener sind wir bei der Ausübung.

> **Tipp**
> Die ersten Kapitel dieses Buches können Sie nutzen, um sich darüber klar zu werden, was Ihr Ausgangspunkt ist. Machen Sie sich Ihre jetzigen Werte, Ihre Ziele, Ihre berufliche Kontur bewusst (Kap. 4, 5 und 6). Zahlreiche Übungen unterstützen Sie dabei.

1.2 Sie entscheiden selbst, wie viel Sie verändern und wie weit Sie gehen wollen

Berufliche Neuorientierung ist ein Prozess. Der kann aus kleinen Veränderungsschritten bestehen oder auch aus einem oder mehreren großen Schritten, Sie können beruflich „anbauen" oder einen „Neubau" wagen (darum geht in Kap. 7). Das Bisherige zu verlassen kostet viele Menschen Mut, selbst dann, wenn es eigentlich schon lange nicht mehr passt. Das hat damit zu tun, dass man sich damit in Ungewissheit begibt, denn vieles ist am Anfang noch offen und unklar. Und Menschen unterscheiden sich in ihrem Wagemut. Was für den einen ein riesiger Schritt ist, der ihm alles abverlangt, mag für die andere eine Kleinigkeit sein. Entscheidend ist, von wo aus *Sie* jetzt starten. Diesen Punkt gilt es zunächst einmal wertschätzend genau zu untersuchen – und dafür möchte ich Sie gewinnen.

> **Übung**
>
> Nehmen Sie sich einen Moment Zeit, um zu überlegen. Es geht hier nicht um eine tiefgründige Analyse, sondern um einen knappen Satz, ein Stichwort, das Ihnen spontan einfällt. Vielleicht wollen Sie sich das Ergebnis kurz notieren.
>
> - Wo stehe ich beruflich im Moment?
> - Was soll bleiben?
> - Was soll auf jeden Fall anders werden?

Ganz gleich, ob Sie von jetzt an in großen oder kleinen Schritten vorangehen oder im Verlauf der Umorientierung Ihre Schrittlänge verändern: Die individuelle Stimmigkeit ist das wichtigste Kriterium. Das ist Ihr Kompass für den gesamten Prozess. Die Übungen in diesem Buch sind so aufgebaut, dass sie diesen inneren Kompass immer wieder ins Zentrum rücken.

1.3 Betrachten Sie Ihr Alter als Ressource

Wenn Sie sich jenseits von Mitte 40 für eine berufliche Umorientierung entscheiden, ist damit zu rechnen, dass das Thema „Alter" auftaucht und dass Sie auf Bedenken, Vorurteile und Befürchtungen stoßen – bei potenziellen Arbeitgebern, Kollegen, Bekannten und auch bei sich selbst. Besser, Sie stellen sich darauf ein und sind vorbereitet. Je nach Temperament werden Sie damit mehr oder weniger offensiv umgehen. Wie auch immer: Wichtig ist, dass Sie eine klare innere Haltung dazu entwickeln, denn es ist gut möglich, dass Sie Überzeugungsarbeit leisten müssen.

Dabei können Sie, wenn es um Aspekte wie Leistung und Motivation im Beruf geht, eine Reihe von Ergebnissen aus der Alternsforschung nutzen. Die folgenden Argumente unterstützen Sie.

» Gute Argumente

1. Die Menschen haben heute i. d. R. mehr Lebensjahre bei guter Gesundheit zur Verfügung.
2. Menschliche Entwicklung bedeutet immer Abbau *und* Wachstum, in jedem Lebensalter.
3. Ziele ändern sich mit dem Älterwerden: Beziehungen werden wichtiger.
4. Ältere passen sich geschickt an vorhandene Ressourcen an, indem sie auswählen, optimieren und kompensieren.
5. Wissen ist selbst jenseits der 70 noch ausbaufähig.
6. Die Plastizität des Gehirns erlaubt es uns, bis ins hohe Alter dazuzulernen.

1. Mehr gesunde Jahre Viele Menschen sind heute bis ins hohe Alter geistig fit und flexibel. Heute 75-Jährige sind so „gut drauf" wie vor 20 Jahren die 65-Jährigen. Angenommen, Sie sind jetzt Ende 40, dann liegen etwa 20 bis 25 Berufsjahre hinter Ihnen und mit einiger Wahrscheinlichkeit noch etwa 20 Berufsjahre bei guter Gesundheit vor Ihnen. Diese Jahre bewusst zu gestalten lohnt sich, und dabei will dieses Buch Sie unterstützen.

2. Entwicklung bedeutet immer Abbau *und* Wachstum
Weder eine defizitorientierte Perspektive auf das Alter, bei der Abbauprozesse im Fokus stehen, noch ein Verständnis von Entwicklung als kontinuierliche Aufwärtsbewegung, die irgendwann im mittleren Erwachsenenalter kippt und zu einer Abwärtsbewegung wird, sind angemessene Beschreibungen für den menschlichen Entwicklungsprozess. Entwicklung setzt sich vielmehr immer aus Gewinnen und Verlusten zusammen. Fortschritte beispielsweise der kognitiven Entwicklung in der Kindheit gehen einher mit dem Verlust visueller Genauigkeit: Kinder unterliegen, je älter sie werden und je mehr sich ihr Denken entwickelt, immer häufiger optischen Täuschungen. Ein Beispiel für Wachstumsprozesse bei Älteren ist die qualitative Veränderung der Motivation (siehe Punkt 3).

3. Ziele ändern sich, Beziehungen werden wichtiger In der Forschung werden zwei große Kategorien von Zielen unterschieden: Ziele, die auf den Erwerb von Wissen gerichtet sind (als Vorbereitung auf die Zukunft), und Ziele, die sich auf den Umgang mit Emotionen beziehen (negative Emotionen vermeiden, positive erfahren, Sinn finden). Je älter Menschen sind, desto wichtiger werden ihnen soziale Verbundenheit und Unterstützung. Die Bedeutung des reinen Ansammelns von Wissen nimmt ab. Ältere sind tendenziell stärker auf eine *gute Qualität* persönlicher Kontakte ausgerichtet und weniger darauf, möglichst *viele* Kontakte zu knüpfen.

4. **Geschickte Anpassung durch Auswählen, Optimieren und Kompensieren** Am Beispiel des Umgangs mit persönlichen Zielen lässt sich zeigen, welche Wachstumsschritte bei Älteren mit eventuellen Einschränkungen – wie z. B. mit dem Nachlassen körperlicher Kraft – einhergehen. Im Wesentlichen nutzen Ältere drei verschiedene Strategien: Sie wählen erstens aus, was ihnen wichtig ist, bauen zweitens ihre Fähigkeiten auf bestimmten Gebieten immer weiter aus und gleichen drittens damit Defizite auf anderen Gebieten aus. So setzen sich Ältere z. B. für Ziele, die ihnen wichtig sind, ausdauernder ein als Jüngere. Ältere haben mehr Durchhaltevermögen. Auch fokussieren sie sich im Vergleich zu Jüngeren auf weniger Ziele, die sie dann aber intensiver verfolgen. Und sie verknüpfen Ziele miteinander, die sich gegenseitig befruchten. Durch diese Strategien kompensieren sie geringere verfügbare Ressourcen und entwickeln im Gegenzug eine besondere Stärke.

5. **Wissen ist selbst jenseits der 70 noch ausbaufähig** Dass Menschen bis ins hohe Alter um- und dazulernen können, hat die *Berliner Altersstudie* bereits in den 1990er-Jahren gezeigt (Mayer und Baltes 1996). Eines der wichtigsten Ergebnisse der Studie war: Wissen ist in jedem Alter ausbaufähig. Zu den Ressourcen, die im Alter abnehmen, gehört vor allem die Lerngeschwindigkeit, insofern ist die Kombination von Lerngeschwindigkeit und Merkfähigkeit (z. B. das Auswendiglernen) im Alter häufig problematisch. Diesem Verlust steht jedoch ein Mehr an kristalliner Intelligenz – damit ist die Fähigkeit gemeint, das erworbene Wissen anzuwenden – gegenüber.

Kristalline Intelligenz spielt beim Lernen im höheren Erwachsenenalter eine wichtige Rolle. Wenn nämlich die neuen Lerninhalte mit bereits Bekanntem verknüpft werden können und mehr Handlungsfähigkeit (z. B. im beruflichen Kontext) versprechen, nimmt die kristalline Intelligenz auch im höheren Alter (80 Jahre) weiter zu. Voraussetzung ist, dass Menschen sich in einer anregenden Umgebung bewegen.

6. Unser plastisches Gehirn ermöglicht Lernen bis ins hohe Alter Erkenntnisse aus der Neurobiologie zeigen, dass das menschliche Gehirn zeitlebens die Fähigkeit besitzt, einmal entstandene Verschaltungen und die davon bestimmten Denk- und Verhaltensmuster – selbst scheinbar unverrückbare Grundüberzeugungen – wieder zu lockern und umzugestalten. Es ist also möglich, bis ins hohe Alter neue Vernetzungen aufzubauen, eingefahrene Denkmuster zu verlassen und Neues zu lernen (s. a. Hüther 2006). Diese Eigenschaft des Gehirns wird als Plastizität bezeichnet.

> **Übung**
> Überlegen Sie kurz: Wie ist es bei Ihnen? Finden Sie ein Beispiel für Ihre eigenen Erfahrungen. Gibt es z. B. ein Thema, das Sie begeistert, über das Sie ständig Neues lernen und erfahren wollen? Gibt es Bereiche, in denen Sie aktiv sind, die sich gegenseitig befruchten?

1.4 Ihre berufliche Umorientierung sollte zur Lebensphase passen

Berufliche Umorientierung ist immer Teil des gesamten Lebensplans. Ressourcen und Zielorientierungen verändern sich im Verlauf unseres Berufslebens. Auch die Anforderungen der Lebensphase, in der wir uns befinden, müssen wir bei einer Umorientierung mit bedenken. In keiner Lebensphase tragen wir so viel Verantwortung für andere wie im Alter zwischen 40 und 60. Das kann die Kindererziehung und/oder die Pflege von Angehörigen sein, ein Wohnungskauf oder ein Hausbau. Gut möglich also, dass die Themen „Verpflichtungen", „Verantwortung" und „Sicherheit" heute einen höheren Stellenwert für Sie haben, als das zum Zeitpunkt Ihres Berufseinstiegs der Fall war.

Zwei Beispiele
Für einen 47-jährigen Regisseur, der lange bei einer Produktionsfirma fest angestellt gewesen war und sich anschließend selbstständig gemacht hatte, war ein Burnout Anlass, sich beruflich umzuorientieren. Er hatte sich in den zurückliegenden Jahren zunehmend weniger mit den Inhalten seiner Tätigkeit identifizieren können. Auch hatte das hohe Maß an erforderlicher Flexibilität nicht nur ihm, sondern auch seiner Frau und den kleinen Kindern viel abverlangt. Ein Bekannter, der seine Freiberuflichkeit aufgegeben hatte und in den öffentlichen Dienst gegangen war, schlug dem Regisseur vor, sich bei der Institution zu bewerben, in der er selbst seit Längerem

arbeitete. Der Regisseur bewarb sich und wurde zunächst befristet auf ein Jahr eingestellt. Er empfand die klare Regelung der Arbeitszeit als entlastend, die stark formalisierten Abläufe jedoch als lähmend. Als sein Vertrag um ein weiteres Jahr verlängert wurde, begann er sich innerhalb der Institution gezielt nach einer Abteilung mit einem engagierten Vorgesetzten umzusehen. Er fand jemanden, der qualifizierte Quereinsteiger förderte und bereit war, mit dem Regisseur Ideen und Perspektiven für berufliche Möglichkeiten zu eruieren, bei denen dieser seine Expertise einbringen konnte. Heute arbeitet der Regisseur in dieser Abteilung. Er genießt den Ruf, ein „bunter Vogel" zu sein, und wird wegen seiner oft ungewöhnlichen Vorschläge und seiner Kreativität geschätzt. Die Sicherheit seines Jobs und der feste Rahmen bieten ihm endlich verlässlich Zeit für die Familie.

Eine Diplom-Fremdsprachensekretärin entschied sich nach zehn Jahren Vollzeittätigkeit in der Wirtschaft, auf eine Halbtagsstelle in den öffentlichen Dienst (in diesem Fall der Fachbereich einer Universität) zu wechseln. Ihr war wichtig, für die Zeit der Familienphase ein Maximum an Jobsicherheit und zeitlicher Kalkulierbarkeit zu haben. Dafür war sie bereit, finanzielle Einbußen hinzunehmen. Nach der Elternzeit kehrte sie an ihren Arbeitsplatz zurück. Etwa zehn Jahre später – die Tochter war inzwischen 13, sie selbst Anfang 50 – beschloss sie, sich beruflich noch einmal umzuorientieren. Heute arbeitet sie als Sachbearbeiterin bei der Zulassungsstelle für ausländische Studierende und Doktoranden an derselben Universität. Ihre Tätigkeit ist inhaltlich anspruchsvoll und entspricht ihrer Qualifikation als Diplom-Übersetzerin. Es gehört zu ihren Aufgaben, regelmäßig Fortbildungen im europäischen Ausland zu besuchen und den Erfahrungsaustausch mit Kollegen sicherzustellen. Nach einem intensiven Einarbeitungsjahr, in dem sie phasenweise Vollzeit arbeitete, hat sie inzwischen eine entsprechend dem zyklisch anfallenden Arbeitsaufwand zwischen 50 und 75 % pendelnde Stelle, die sie als perfekt passend für ihre jetzige Lebenssituation empfindet.

> **Übung**
>
> Überlegen Sie einen Moment:
>
> - Wie ist es bei Ihnen? Gibt es Verpflichtungen, auf die Sie auch in den nächsten Jahren Rücksicht nehmen müssen?
> - Haben Sie ein privates Netzwerk und/oder eine unterstützende Partnerschaft, sodass Aufgaben bei Bedarf auch anders bzw. flexibler verteilt werden könnten als bisher?

Im Verlauf des Berufslebens verändert sich bei vielen Menschen die Zeitmenge, die sie für den Beruf einsetzen: Auf eine arbeitsintensive Phase während des Berufseinstiegs mag eine Phase mit reduzierter Arbeitszeit während der Familienphase und anschließend erneut eine intensive Phase folgen. Mancher fordert vielleicht – motiviert durch seine beruflichen Pläne – offensiver Unterstützung vom Partner oder von der Familie. Wir brauchen immer andere, um unsere Pläne in die Tat umzusetzen. In Kap. 9 geht es darum, wie Sie Unterstützer für Ihre beruflichen Vorhaben gewinnen.

1.5 Machen Sie die berufliche Neuorientierung zu Ihrer Sache

Nun macht es einen Unterschied, ob Sie selbst eine berufliche Veränderung initiieren oder ob diese das Resultat von äußeren Umständen ist, von Entwicklungen im Betrieb, einer gesundheitlichen Einschränkung, einer veränderten familiären Situation o. Ä. Wenn Sie die Umorientierung selbst initiieren, wollen Sie, dass sich etwas ändert. Sie besitzen die innere Bereitschaft, sich auf etwas Neues einzulassen, vielleicht auch etwas zu wagen. Eine durch die Umstände erzwungene Umorientierung dagegen erleben viele Menschen als sehr belastend. Sie brauchen zunächst einmal Zeit, um die veränderten Umstände wahrzunehmen, das Ausmaß zu begreifen, die Notwendigkeit der Veränderung anzuerkennen. Erst dann können sie den Blick auf künftige Schritte richten.

Eine ehrliche Bestandsaufnahme
Seminarteilnehmer berichten, dass ihnen erst viel später, im Rahmen einer ehrlichen Bestandsaufnahme, klar geworden sei, dass „schon lange etwas nicht mehr stimmte im Beruf" und dass dieses Eingeständnis für sie erst „den Weg freigemacht" habe, die unliebsame Situation als Chance anzunehmen, einem beruflichen Traum näherzukommen und nach einer stimmigeren Tätigkeit zu suchen. In Kap. 3 erfahren Sie, was Sie tun können, um Ihre Kräfte (wieder) zu sammeln und die berufliche Umorientierung zu Ihrer eigenen Sache zu machen.

1.6 Die Arbeitswelt verändert sich – Sie können sich mit verändern

Der globale Wettbewerb, in dem Unternehmen sich heute befinden, hat zur Folge, dass Wettbewerbsvorteile heute oft von geringer Dauer sind. Ganze Branchen sind gezwungen, sich innerhalb kurzer Zeit veränderten Rahmenbedingungen anzupassen. Denken Sie beispielsweise an Fluglinien, Fernsehanstalten, Automobilhersteller, Zeitungsverlage, die Musikindustrie. Um flexibler agieren zu können, werden die Unternehmens- und die Arbeitsorganisation prozess- und kundenorientiert umgestaltet und bis ins Detail kostenbewusst gesteuert. Vielleicht gibt es auch in Ihrem Freundes- oder Bekanntenkreis jemanden, der von solchen Umstrukturierungen betroffen ist, oder Sie haben selbst erlebt, dass in Ihrem Unternehmen die Zuordnung von Aufgaben geändert wurde, Tätigkeiten ganzer Abteilungen nach außen gegeben wurden oder dass Sie jetzt häufiger mit Kollegen aus unterschiedlichen Abteilungen und Hierarchieebenen an einem Projekt arbeiten.

Immer mehr Menschen sind im Laufe ihres Arbeitslebens mit z. T. tief greifenden Veränderungen in ihrem Beruf, ihrer Tätigkeit, den Arbeitsprozessen konfrontiert. Die Anforderungen an unsere Flexibilität steigen. Es gibt immer weniger Menschen, die vom Berufseinstieg bis zur Rente mit 67 bei einem einzigen Arbeitgeber tätig sind. Die durchschnittliche Dauer der Firmenzugehörigkeit liegt heute bei 11,2 Jahren (Institut der deutschen Wirtschaft 2017). Die Lebenszyklen von Produkten,

Geschäftsmodellen und Unternehmen haben sich verkürzt. Und auch die Arbeit ändert sich, inhaltlich und in ihrer Form, sodass man bei jeder neuen Stelle viel Neues lernen muss. Das setzt eine hohe Bereitschaft zu ständiger Veränderung und zum Lernen voraus.

Wachsende Veränderungsbereitschaft
Coachees und Seminarteilnehmer berichten im Verlauf ihrer beruflichen Umorientierung, dass ihre Bereitschaft, Neues auszuprobieren, ihr Mut, neue Aufgaben zu übernehmen, während dieses Prozesses wächst und dass sie zunehmend gelassener mit unsicheren Situationen umgehen können. Dieses Buch können Sie nutzen, um Ihre Flexibilität zu erhöhen, Ihren Handlungsspielraum im Beruf zu erweitern und mehr Gelassenheit im Umgang mit Ungewissheit und Veränderung im Berufsleben zu erlernen.

> **Tipp**
> Es spricht einiges dafür, die Arbeit als Fortbildung zu betrachten, d. h. einen Job auch nach dem zu wählen und zu bewerten, was Sie dort lernen werden oder lernen können.

Ein Beispiel
Eine medizinisch-technische Assistentin hatte viele Jahre in einem Labor gearbeitet. Als sie nach einem Bandscheibenvorfall mehrere Wochen krankgeschrieben und zur Ruhe gezwungen war, wurde ihr klar, dass sie nicht auf Dauer in ihrem bisherigen Job weiterarbeiten wollte. Sie nutzte die sich anschließende Reha-Maßnahme, um sich mit Alternativen auseinanderzusetzen. Dann bewarb sie sich um eine Stelle als Interviewerin in einer medizinischen Langzeitstudie.

Das Thema interessierte sie, und die höheren Anforderungen an ihre medizinischen Kenntnisse sah sie als Herausforderung. Die lange Einarbeitungszeit beschrieb sie als sehr anstrengend, aber auch als lohnend. Sie hatte sich immer gewünscht, intensiver mit Menschen zu tun zu haben.

Ähnliche Ausbildung, unterschiedliche Aufgaben
Das größere Maß an Flexibilität, das von Unternehmen gefordert ist, bedeutet auch, dass bisher vorgegebene klare, aber auch enge berufliche Pfade breiter werden. Und damit werden auch die eigenen Spielräume, d. h. die Möglichkeiten, seine Fähigkeiten einzusetzen, größer.

Ein Beispiel
Ein Logistiker, der ein europäisches Distributionszentrum mit aufgebaut und dort über viele Jahre gearbeitet hatte, bewarb sich auf den Tipp eines Bekannten hin bei einem Verlagskonzern. Er wurde eingestellt, um die Auslagerung der Logistik an einen externen Dienstleister zu übernehmen und den Kunden- und Aboservice zu optimieren. Schnell fand er heraus, dass das Hauptproblem eine fehlende Organisations- und Kommunikationsstruktur sowohl innerhalb des Bereichs selbst wie auch mit Dienstleistern war. Er etablierte regelmäßige Abstimmungen intern und mit Dienstleistern und gab den Anstoß, bei Projektaufgaben passende Projektorganisationen zu implementieren. Zwei Jahre später, als diese Aufgabe erfolgreich erledigt war, übernahm er die Integration eines zugekauften Unternehmensbereichs in diese Einheit. Somit waren erneut Organisations- und Kommunikationskompetenz – vor der ursprünglichen Fachkompetenz Logistik – gefragt. Auch seine

Folgeaufgabe (Verantwortung für ein großes Change-Projekt im Bereich Produktion dieses Unternehmens) führt diese Entwicklung fort.

1.7 Fazit und Ausblick

Menschen mit ähnlicher Ausbildung und Qualifikation können sehr unterschiedliche Aufgaben haben, die mit dem ursprünglich erlernten Beruf häufig nur noch wenig zu tun haben. Dieses Mehr an Möglichkeiten, das sich infolge größerer Flexibilitätserfordernisse in Unternehmen ergibt, zu finden und für sich zu nutzen, dafür möchte ich Sie hier gewinnen – für mehr Zufriedenheit und persönlichen Erfolg im Beruf. Ziele dienen der Orientierung. Das nächste Kapitel zeigt, warum es sich lohnt, eigene Ziele zu haben (Kap. 2).

Literatur

Hüther, G. (2006). *Bedienungsanleitung für ein menschliches Gehirn*. Göttingen: Vandenhoeck & Ruprecht.
Institut der deutschen Wirtschaft. (2017). Lange im Betrieb. Informationen aus dem Institut der deutschen Wirtschaft (23.08.2017). https://www.iwd.de/artikel/lange-im-betrieb-355822/ Zugegriffen: 7. Mai 2018.
Mayer, K. U., & Baltes, P. B. (Hrsg.). (1996). *Die Berliner Altersstudie*. Berlin: Akademie (vergriffen, 2. Aufl. 1999 als Reprint on demand erhältlich. Informationen: https://www.base-berlin.mpg.de/de/projektinformation/publikationen).

2

Unzufrieden? Neun Gründe, warum es sich lohnt, eigene Ziele zu haben

Was Sie in diesem Kapitel erwartet
Unzufriedenheit mit dem Beruf ist für viele Menschen der Auslöser für den Wunsch nach Veränderung. *Was* sie ändern wollen und *wie* das gehen kann, ist zu diesem Zeitpunkt oft noch unklar. Die Dynamik entsteht aus der Abweichung zwischen dem, was jetzt ist, und dem, was man für erstrebenswert erachtet. In diesem Kapitel erfahren Sie, wie Ziele wirken und wie Sie stimmige eigene Ziele so setzen, dass diese tatsächlich motivierende Kraft entfalten.

Was motiviert Sie im Beruf? Wofür arbeiten Sie?
Vielleicht antworten Sie auf die Frage, was Sie beruflich motiviert: „Na, ich arbeite, um Geld zu verdienen" oder „Mir ist wichtig, mit anderen zusammen etwas zu entwickeln" oder „Ich arbeite in einem ganz besonderen Team, mit netten Kollegen zusammen" oder „Ich habe eine sichere Stelle, das ist für mich jetzt, mit den Kindern, das Wichtigste". Vielleicht fällt es Ihnen, wie vielen Menschen, zunächst leichter zu sagen, was auf jeden Fall *nicht* zu Ihrer Motivation beiträgt. „Eine Selbstständigkeit ist auf jeden Fall nichts für mich" oder „Auf keinen Fall will ich einen Bürojob". Vielleicht fällt Ihnen spontan auch erst mal gar keine Antwort auf die Frage, was Sie bei der Arbeit motiviert, ein. Das wäre nicht verwunderlich, denn im Alltag bleibt für die Reflexion von Zielen meist kaum Zeit, und wir empfinden häufig auch keine Notwendigkeit für diese Art von Überlegungen.

2 Unzufrieden? Neun Gründe, warum es sich lohnt ...

2.1 Was sind Ziele?

Ziele sind – ganz allgemein – Anliegen, die wir verfolgen, also das, was uns persönlich motiviert, etwas zu tun. Wir werden aktiv, weil wir etwas haben wollen oder etwas sein wollen. Um das zu erreichen, sind wir bereit, ein sofortiges Vergnügen, eine Belohnung aufzuschieben und uns anzustrengen. Das unterscheidet Ziele von bloßen Wünschen. Und bei Zielen spielt unsere Erwartung, das Ziel auch erreichen zu können, eine wichtige Rolle.

Erinnern Sie sich z. B. noch an Ihre Berufswahl, an das Ende Ihrer Schulzeit und Ihre Suche nach einem Ausbildungsplatz? Wussten Sie gleich, in welche Richtung es für Sie gehen sollte? Erinnern Sie sich daran, wie Sie überlegt haben, was Sie studieren möchten? Erinnern Sie sich an Ihren Berufseinstieg, an Ihre erste Stelle? Oder vielleicht an einen späteren Jobwechsel? Erinnern Sie sich daran, dass Sie sich die Frage gestellt haben, was Sie tun, welchen Beruf Sie ausüben wollen?

In der Regel drängt uns die Frage, was wir wollen, nur so lange, bis wir eine Möglichkeit – vielleicht die angestrebte, oft auch eine sich zufällig ergebende oder eine pragmatische Alternative – ergriffen haben.

Zwei Beispiele
Eine 47-jährige Versicherungskauffrau erinnert sich, dass ihr nach dem Abitur nur klar war, dass sie nicht studieren wollte. Ihr war wichtig, ihr eigenes Geld zu verdienen, auf eigenen Füßen zu stehen und nicht länger bei den Eltern zu leben. Und sie hatte „Lust zu arbeiten, mit anderen

gemeinsam etwas anzupacken". Womit sie ihr Geld verdiente, war ihr hingegen nicht so wichtig. Ihr Vater, der bei einer großen Versicherung tätig war, hatte ihr damals angeboten, sich im Unternehmen für sie einzusetzen. So kam sie zu einem Ausbildungsplatz und wurde Versicherungskauffrau. Nach Abschluss der Ausbildung wurde sie in der Vertragsabteilung eingesetzt. Die Tätigkeit langweilte sie. Mehrere Jahre später entschloss sie sich, in ihrer Freizeit eine Ausbildung zur Yogalehrerin zu machen. Das fand sie spannend, und sie stellte fest, dass ihr die medizinnahen Inhalte Spaß machten. Sie suchte nach einer Möglichkeit, diesem Themenfeld auch in ihrer Arbeit bei der Versicherung näherzukommen, und bewarb sich in der Schadensabteilung. Sie bekam die Stelle. Die Tätigkeit interessierte sie, und sie arbeitete engagiert in der Abteilung mit. Wenige Jahre später erhielt sie das Angebot, die Gruppenleitung zu übernehmen.

Eine 52-jährige berufserfahrene Journalistin hatte bereits als Schülerin gewusst, dass sie in diesem Beruf arbeiten wollte. Ihre Lehrer hatten immer gesagt: „Du schreibst so schön, mach was daraus." Gegen Ende der Schulzeit hatte sie sich um ein Praktikum bei einem Fernsehsender beworben und war anschließend gleich an eine Redaktion vermittelt worden. Ihre Hartnäckigkeit brachte ihr schon bald erste Möglichkeiten, Beiträge vorzuschlagen und mit zu realisieren. Mit dieser freiberuflichen Tätigkeit für den Sender finanzierte sie in den darauffolgenden Jahren ihr Studium und später auch die Familie. Sie hat sich als freiberufliche Journalistin auf ein Themenfeld spezialisiert und ist erfolgreich in ihrem Beruf.

Und heute?

Später, wenn Sie schon länger in Ihrem Beruf arbeiten, haben Sie vielleicht das Ziel, ein neues Produkt zu entwickeln, Kontakt zu einem bestimmten Kundenkreis zu knüpfen oder Ihren Verantwortungsbereich im Unternehmen weiter auszubauen. Und heute? Wie ist es heute? Denken Sie manchmal darüber nach, was Sie in Ihrem Beruf noch erreichen wollen?

> **Übung**
>
> Nehmen Sie sich einen Moment Zeit, um sich die Frage zu stellen: Habe ich ein Ziel im Beruf? Was ist mir jetzt bei meiner Arbeit wichtig? Wie lautet Ihre Antwort?

Äußere Anforderungen versus eigene Wünsche und Ziele

Möglicherweise fallen Ihnen als Erstes Ziele ein, die – explizit oder implizit – von außen vorgegeben sind. Dass Ihnen z. B. als Sachbearbeiter in einer Versicherung die Bearbeitung bestimmter Fallzahlen vorgegeben ist oder von Ihnen als Programmbereichsleiterin in einem Verlag bestimmte Umsätze erwartet werden, ist vermutlich für Sie ganz selbstverständlich, denn es gehört zu Ihrer Aufgabe. So wie es für Sie wahrscheinlich selbstverständlich ist, als Marketingleiter an dem Ziel zu arbeiten, neue Märkte für die Produkte Ihrer Firma zu erschließen, oder als Krankenpflegerin im Aufwachraum dafür zu sorgen, dass es den frisch operierten Patienten gut geht. In der Regel machen wir uns solche Ziele zu eigen. Wir haben uns dazu verpflichtet, sie zu erfüllen. Dass dazu ein Akt der Bindung an diese Ziele erforderlich ist, ist uns meist gar nicht mehr bewusst.

Im Beruf erfüllen wir also zunächst einmal das, was von uns gefordert ist. Und im Arbeitsalltag halten uns diese Aufgaben und Anforderungen von außen oft so in Atem, dass wir kaum dazu kommen, uns über eigene Ziele Gedanken zu machen. Tatsächlich haben Menschen aber vielfältige Wünsche und Ziele, die nicht per se mit dem übereinstimmen, was im Unternehmen von ihnen verlangt wird. Denken Sie z. B. an eine Situation, in der Ihre Vorgesetzte Überstunden ankündigt, Sie aber Pläne für den Abend haben oder die Kinder zum Sport bringen müssen. Oder Sie bewerben sich intern um eine Position in einer anderen Abteilung, was Ihr Chef möglichst nicht erfahren soll.

> **Tipp**
> Lernen Sie zu unterscheiden: Was sind Ziele, die Sie selbst haben, und was sind Ziele, die Ihnen von außen (z. B. vom Arbeitgeber) gesetzt werden? Grundsätzlich kann der Einzelne aus eigener Initiative mehr, aber eben auch anderes leisten als das, was von ihm gefordert ist. Wir sind ja nicht passive Empfänger von Anweisungen, sondern besitzen auch Eigeninitiative.

Eigene berufliche Ziele werden uns i. d. R. erst (wieder) bewusst und wir beginnen darüber nachzudenken, wenn eine gravierende Abweichung zwischen unseren und den Unternehmenszielen be- bzw. entsteht. Zum Beispiel, wenn infolge einer Umstrukturierung in dem

Unternehmen, in dem Sie arbeiten, Arbeitsabläufe ganz neu gestaltet werden und das Projekt, an dem Sie vielleicht mit viel Herzblut gearbeitet haben, jetzt ein Kollege weiterführen soll. In solchen Situationen fällt uns auf, dass unsere eigenen Interessen und Präferenzen sich nicht (mehr) mit dem decken, was im Unternehmen von uns gefordert wird. Vielleicht spüren Sie zunächst nur, dass da etwas in eine andere Richtung läuft, als Sie erwartet oder gehofft hatten. Oft gewinnen unsere eigenen Ziele erst im Prozess einer Veränderung langsam Kontur.

Vielleicht kämpfen Sie aber auch schon lange darum, eine Weiterbildung machen zu können, die mehrfach nicht bewilligt wurde. Und allmählich wird Ihnen klar, dass Sie damit auf absehbare Zeit keine Chance haben werden, in eine Führungsposition zu gelangen.

Unzufrieden? In einer Krise?
Es kann sein, dass sich an der äußeren Situation nichts verändert, Sie sich aber jetzt, wo Sie jenseits der 45 oder 55 sind, immer weniger vorstellen können, bis zur Rente so wie bisher weiterzuarbeiten. Vielleicht nehmen Sie zunächst einfach nur eine zunehmende Unzufriedenheit bei sich wahr. Womöglich haben Sie immer häufiger das Gefühl, sich mit der Situation so, wie sie jetzt ist, nicht mehr arrangieren zu können oder zu wollen, ohne aber schon eine Idee zu haben, was stattdessen sein sollte. Ebenso kann eine Krise oder eine Veränderung in unseren Lebensumständen zum Auslöser für die Frage nach den eigenen Zielen werden.

Zwei Beispiele
Eine Diplom-Fremdsprachensekretärin gelangte mit Mitte 50, viele Jahre nach ihrem erfolgreichen Wiedereinstieg in den Beruf, mehr und mehr zu der Erkenntnis, dass sie ihre Tätigkeit, die ihr zwar viel Freiheit erlaubte, deren Routine sie jedoch zunehmend langweilte, auf keinen Fall würde bis zur Rente ausüben wollen. Sie beschrieb eine Art „körperliche Abwehr dagegen, morgens an meinen Arbeitsplatz zu gehen". Deshalb begann sie sich im Unternehmen nach anderen Tätigkeiten umzusehen.

Eine Zahntechnikerin hatte lange Jahre halbtags in ihrem Beruf gearbeitet und gut verdient. Mit Ende 40 – damals gab es eine Krise in ihrer Familie – stand sie der Art und Weise, in der sie ihr Geld verdiente, zunehmend kritischer gegenüber. Sie sehnte sich danach, etwas Neues zu lernen, endlich etwas Sinnvolles zu tun. Sie hatte immer davon geträumt, als Hebamme zu arbeiten, fürchtete jedoch, in ihrem Alter keine Stelle zu finden.

Ein bewusster Prozess
Ganz gleich, ob Sie aus Unzufriedenheit, Sehnsucht oder aufgrund äußerer Lebensumstände oder einer Erkrankung anfangen, über Ihre eigenen Ziele nachzudenken: Aus einem anfänglich vielleicht diffusen Gefühl wird ein bewusster Prozess. Vielleicht stellen Sie sich dabei auch ganz grundsätzliche Fragen, etwa „*Wofür* arbeite ich eigentlich?" oder „Was will *ich* eigentlich?" oder „Was sind meine Träume?"

2.2 Wozu eigene berufliche Ziele?

Umfangreiche Forschung belegt, dass aus dem Erreichen beruflicher Ziele Zufriedenheit und Erfolg bei der Arbeit resultieren. Damit das geschieht, müssen zwei Voraussetzungen erfüllt sein: Wir müssen uns erstens ein eigenes berufliches Ziel setzen und zweitens glauben, es auch erreichen zu können.

Der Glaube, ein gesetztes Ziel erreichen zu können, hängt eng mit der Erfahrung von Selbstwirksamkeit zusammen. Gemeint ist damit die Überzeugung, selbst etwas bewirken und gestalten zu können. Diese Überzeugung hat Einfluss darauf, welche Ziele wir uns setzen und mit wie viel Ausdauer wir diese Ziele verfolgen.

> **Tipp**
>
> Wenn wir etwas tun, das uns wichtig ist, und erleben, dass es funktioniert und dass wir positive Rückmeldungen bekommen, dann werden unser Tun und die Ergebnisse unseres Tuns zur Feedbackquelle. Der Prozess initiiert sich also immer wieder von Neuem. Erreichen wir dann unsere Ziele, so erhöht das unsere Zufriedenheit mit der Arbeit.

2.3 Was passiert, wenn wir ein Ziel haben?

Ein Ziel zu haben bedeutet zunächst einfach eine Fokussierung der Aufmerksamkeit. Ein eigenes Ziel haben heißt, den Blick für einen Moment bzw. immer wieder mal von äußeren Vorgaben, Erwartungen etc. zu lösen und sich zu fragen, was man selbst will. Wozu das? Eigene Ziele haben eine Menge Vorteile.

> **Neun Gründe, warum es sich lohnt, im Beruf eigene Ziele zu haben**

1. Mit dem Ziel beginnt das Tun.
2. Ziele geben Klarheit und Ausrichtung.
3. Ziele fördern die Erfahrung eigener Gestaltungskraft.
4. Ziele helfen bei Entscheidungen.
5. Ziele initiieren und unterstützen Lernprozesse.
6. Ziele geben ein Stück innere Unabhängigkeit.
7. Ziele verleihen uns die Kraft, andere zu überzeugen.
8. Ziele sorgen für Kontinuität und Identität.
9. Ziele geben Zufriedenheit in der Arbeit.

1. Mit dem Ziel beginnt das Tun Ein eigenes Ziel zu haben, zu wissen, *wofür* wir etwas tun, ist eine zutiefst befriedigende Erfahrung. Das ist der Kern von Motivation, die Basis unseres Aktivwerdens. Und das Ziel kann uns auch dazu bringen, Schritte, die uns bisher schwergefallen sind, dennoch zu gehen, in dem Wissen, wofür. Unser eigenes Ziel zieht uns.

2. Ziele geben Klarheit und innere Ausrichtung Ein Ziel gibt unserem Tun eine Richtung. Es ist der Bezugspunkt für unser Handeln, für unsere Entscheidungen. Mit dem Blick darauf können wir leichter entscheiden, was zu tun ist, und alle Kraft auf unser Tun richten. Wenn das *Wofür* an die Stelle der kräftezehrenden Reflexion eines *Warum* tritt, kann das eine enorme Erleichterung sein. Wir erlauben uns die Fokussierung auf etwas, das es uns wert ist, getan zu werden. In der Regel sind wir es im Beruf und bei der Arbeit gewohnt, uns an anderen zu messen, mit anderen zu vergleichen. Ein eigenes Ziel haben bedeutet, weniger nach rechts und links zu gucken und weniger zu vergleichen. Insofern ist das eigene Ziel ein distanzierendes Moment. Es hilft uns auch, eventuellem Druck und Ansprüchen von außen mit mehr Distanz zu begegnen.

3. Ziele fördern die Erfahrung eigener Gestaltungskraft Jeder Schritt, den wir tun, um unserem Ziel näher zu kommen, birgt die Chance, die eigene Gestaltungskraft zu erfahren. Wir finden heraus, was funktioniert und was nicht. Das zu unterscheiden bringt ein Mehr an Wachheit und Klarheit, ein Gespür für Optionen und für Grenzen. Das kann sehr entlastend sein und uns Schritt für Schritt zu einer besseren Orientierung im unendlich scheinenden Meer der Möglichkeiten verhelfen. Mit jedem Schritt wird unser Weg klarer. Und der Blick auf die hinter uns liegenden Schritte zeigt uns, was wir schon erreicht haben und dass wir unseren Weg selbst (mit)gestalten können. Damit wächst unsere Überzeugung, das Ziel erreichen zu können. Es funktioniert wie eine sich selbst verstärkende Rückkopplungsschleife: Schritt für Schritt wachsen Sicherheit und Gelassenheit. Das wiederum wirkt sich auf unsere Bereitschaft aus, weitere Schritte, auch schwierige, zu tun.

4. Ziele helfen bei Entscheidungen Ziele helfen uns, Entscheidungen zu treffen. Das Ziel ist der Bezugspunkt, das Kriterium. Wir wissen, *wofür* wir aktiv werden, etwas tun. Die zur Auswahl stehenden Alternativen werden daraufhin befragt, welche am besten geeignet ist, uns unserem Ziel näher zu bringen, welche für unser Ziel förderlicher ist.

5. Ziele initiieren und unterstützen Lernprozesse Die Erfahrung von Gestaltungskraft wirkt sich auf die Bereitschaft aus, Neues zu wagen und sich etwas zuzutrauen. Und im schrittweisen Ausbau eigener Gestaltungskraft liegt die Chance, sukzessive ein Mehr an Gelassenheit zu erfahren. Das bedeutet auch, dass der Umgang mit und die Bewältigung von Veränderungssituationen an sich vertrauter wird. Wir gewinnen innere Sicherheit in unübersichtlichen Situationen.

6. Ziele geben ein Stück innere Unabhängigkeit Klarheit darüber zu haben, was wir im Beruf wollen und was uns wichtig ist, wirkt wie ein Kompass, der in Zeiten des Umbruchs, der Veränderung, der Neu- und Umorientierung innere Orientierung gibt. Die Fokussierung auf unser Ziel hilft uns, ein Gespür für Chancen zu entwickeln. Wenn wir für uns klar haben, wo es beruflich hingehen soll, wird sich unsere Aufmerksamkeit automatisch auf Möglichkeiten richten, die eigene Arbeitssituation in unserem Sinne zu beeinflussen und mit zu gestalten. Gut möglich, dass wir dann die Erfahrung machen, dass mehr gestaltbar ist, als wir erwartet hatten. Das lässt sich aber nur herausfinden, wenn wir uns ein Ziel gesetzt haben und unser eigenes Navigationsgerät nutzen, mit dem wir bei der Arbeit „segeln" oder Kurs auf neue Betätigungsfelder nehmen.

7. Ziele verleihen uns die Kraft, andere zu überzeugen Eigene Ziele verfolgen hilft, sich seiner beruflichen „Kontur", d. h. der eigenen beruflichen Identität, bewusst zu werden. Ein stimmiges Ziel fördert die Erfahrung: „Das ist es, was ich gerne mache, was ich kann und was mich ausmacht!" Das wiederum ist nicht nur eine wesentliche Voraussetzung für eine überzeugende, stimmige Selbstpräsentation, sondern auch die Basis dafür, den eigenen Weg für andere nachvollziehbar zu machen und andere von einer Idee zu überzeugen.

8. Ziele sorgen für Kontinuität und Identität In Situationen der Unsicherheit und des Umbruchs, in denen wir der Frage, was wir künftig beruflich machen werden, nicht mehr ausweichen können, sorgt Klarheit über die eigenen Werte und Ziele für Orientierung, Kontinuität und Halt.

9. Ziele geben Zufriedenheit in der Arbeit Berufliche Ziele haben im Kern etwas mit Tätigkeiten zu tun. Wenn die damit verbundenen Anforderungen unseren persönlichen Kompetenzen entsprechen, dann tragen diese Tätigkeiten das Potenzial der Befriedigung in sich selbst. Csikszentmihalyi (1996) spricht von „Flow"-Erlebnissen – der Erfahrung, ganz in einer Tätigkeit aufzugehen. Anders ausgedrückt: Wir sind intrinsisch motiviert, finden Zufriedenheit im Tun selbst – im Gegensatz zu extrinsisch motiviertem Handeln, bei dem wir Befriedigung durch das Erreichen eines Ergebnisses finden.

2.4 Fazit und Ausblick

Die Dynamik und die Kraft, die gut gesetzte Ziele entfalten, können Sie für Ihre berufliche Umorientierung nutzen. Ein eigenes Ziel haben heißt: das ernst nehmen, was Sie selbst im Berufsleben wollen. Ihr Ziel ist auch Ausdruck Ihrer Wertschätzung für sich selbst. In Situationen der Unsicherheit, der Krise oder auch einfach der Veränderung mag das eine Herausforderung sein. Manchem fällt es schwer, im Bewusstsein der eigenen Stärken zuversichtlich nach vorn zu schauen. In diesem Fall kann es sinnvoll sein, zunächst seine Kräfte (wieder) zu sammeln, bevor man sich daran macht, das eigene Ziel zu formulieren und zu setzen. In Kap. 3 erfahren Sie, wie das gehen kann.

Literatur

Csikszentmihalyi, M. (1996). *Flow: Das Geheimnis des Glücks*. Stuttgart: Klett-Cotta.

3

Zuallererst: Sammeln Sie Ihre Kräfte

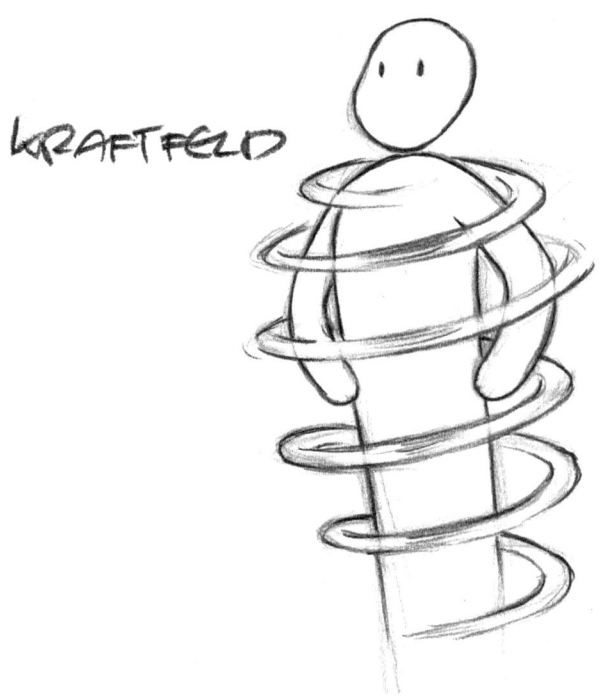

© Springer-Verlag GmbH Deutschland, ein Teil von
Springer Nature 2019
B. Bürger, *Unzufrieden im Beruf?*,
https://doi.org/10.1007/978-3-662-57508-6_3

Was Sie in diesem Kapitel erwartet
Ideen zu entwickeln und Pläne für die berufliche Zukunft zu machen fällt denjenigen, die zuversichtlich nach vorn schauen können, leicht, denn meist sind solche Menschen sich ihrer Stärken und Ressourcen bewusst. In einem vollgepackten Alltag und erst recht nach einer Krise mag das schwerer fallen. Kein guter Zeitpunkt, um aus einer guten Steuerungsposition heraus kreativ zu werden. In diesem Kapitel erfahren Sie, was Sie tun können, um für Ihre berufliche Umorientierung möglichst gut gerüstet zu sein.

Es muss sich etwas ändern
Für viele Menschen ist der Alltag so vollgepackt mit Aufgaben und Pflichten, dass für die Frage nach eigenen Zielen kaum Zeit und Raum bleibt. Wenn es gut läuft, besteht ja auch keine Notwendigkeit, sich diese Frage zu stellen. Wenn wir aber mit unserer beruflichen Situation nicht (mehr) zufrieden sind oder unliebsame Veränderungen eintreten, dann beginnen wir uns zu fragen, wie und wohin es beruflich gehen soll.

Ein Beispiel
Eine freie Journalistin hatte sich im Lauf der Jahre in einer Redaktion eine gute Position und das Vertrauen ihrer Chefin erarbeitet. Sie hatte großen Freiraum, konnte eigene Themen vorschlagen und Sendungen machen. Über die Jahre hatte sie sich einen thematischen Schwerpunkt aufgebaut, für den sie inzwischen bekannt war, und sich ein Netzwerk geschaffen. Sie empfand ihre Arbeit als erfüllend und spannend. Der neue Chef allerdings hatte ganz andere Vorstellungen davon, wie die Zusammenarbeit

funktionieren sollte. Er präferierte thematisch klar vorgegebene Aufträge, die der Journalistin kaum mehr Raum für eigene Gestaltung und selbstverantwortliches Arbeiten gaben. Mehr und mehr gelangte sie zu der Erkenntnis, dass das mit ihren Zielen und mit ihrer Vorstellung von ihrer Tätigkeit nicht zu vereinbaren war. Sie hatte viele Jahre entscheidend zum Familieneinkommen beigetragen. Nun beriet sie mit ihrer Familie, wie eine Zeit der beruflichen Umorientierung mit finanziellen Einbußen zu tragen sein könnte. Dann kündigte sie.

Die kraftvolle, zuversichtliche Haltung
Die Erkenntnis, dass es so wie bisher nicht mehr weitergeht, kann erleichternd oder aber auch verunsichernd, ja sogar lähmend sein. Viele Menschen haben dann den Impuls, schnellstmöglich eine Lösung zu suchen, um Abhilfe zu schaffen. Das Gefühl, etwas tun zu können, macht es leichter. Vielleicht kennen Sie das? Nicht jeder vermag es gut auszuhalten, wenn das Bisherige nicht mehr geht oder nicht mehr passt, aber noch keine Idee für etwas Neues, keine Lösung in Sicht ist. Wir mögen dann nervös sein, unter Druck stehen. Schließlich geht es um den eigenen Job, die berufliche Zukunft. Keine gute Voraussetzung, um zuversichtlich nach vorn zu blicken, uns zu fragen, was wir wollen, Pläne zu schmieden für die Zukunft, nicht wahr? Dafür brauchen wir eine möglichst kraftvolle, zuversichtliche Haltung. Wer sich innerlich verbunden fühlt mit seinen Stärken und weiß, was er gut kann, der kann klar sagen, was er will und dann seine Ressourcen dafür mobilisieren. Was aber, wenn wir uns mutlos und verunsichert fühlen statt im Besitz unserer Kraft?

Wenn uns Sorgen, Ängste, Unsicherheiten ganz nah sind, wir gerade unsere Stärken nicht spüren oder das Gefühl haben, sie stehen uns jetzt nicht zur Verfügung, wir können nicht darauf zugreifen? Dabei wäre doch gerade jetzt für die Entwicklung einer neuen beruflichen Perspektive, für die berufliche Umorientierung ein wertschätzendes Bewusstsein der eigenen Fähigkeiten und Ressourcen wichtig.

3.1 Nutzen Sie, was Sie schon einmal geschafft haben

Wie kann es in solchen Situationen gelingen, sich wieder mit den eigenen Ressourcen zu verbinden, Zuversicht zu schöpfen, in eine möglichst kraftvolle Position zu kommen? Dazu wäre es notwendig, an etwas Positives zu denken, an Situationen, in denen wir etwas gut gemeistert haben. Dann wird nämlich in unserem Körper Dopamin ausgeschüttet, und wir fühlen uns gut. Und umgekehrt: Wenn wir an Misserfolge denken, schüttet der Körper Stresshormone aus, und wir fühlen uns schlecht. Es geht jedoch nicht einfach um positives Denken, sondern darum, dass wir, wenn wir uns gut fühlen, mehr und andere Möglichkeiten des Handelns zur Verfügung haben. In Situationen, in denen wir uns schlecht fühlen, ist unser Denken eingeengt. Wir denken dann nur in Kategorien von gut oder schlecht, schwarz oder weiß, ja oder nein.

Was wir erreichen wollen, wenn es um berufliche Ziele und eine neue Perspektive für die Zukunft geht, ist mehr

Flexibilität, sowohl im Denken (d. h., mehr und anderes zu denken und für möglich zu halten) als auch im Handeln (d. h., mehr und anderes zu tun). Mit der folgenden Übung lade ich Sie ein, sich ganz bewusst an positive Situationen im Beruf zu erinnern.

> **Übung**
>
> Suchen Sie sich einen ruhigen Ort, an dem Sie in der nächsten halben Stunde ungestört sind: Was ist in Ihrem Berufsleben richtig gut gelaufen? Worauf sind Sie persönlich stolz? Überlegen Sie, und notieren Sie die Antworten, die Ihnen einfallen. Und lassen Sie sich Zeit. Es kommt nicht darauf an, dass Ihnen etwas Großes einfällt. Wichtig ist, dass *Sie* es schätzen, dass es *für Sie persönlich* Bedeutung hat. Und der Zeitraum, d. h, wie weit Sie in Ihrer Erinnerung zurückgehen, ist nicht begrenzt. Vielleicht fällt Ihnen ja zunächst eine Unterrichtssituation aus der Schulzeit ein. Gut! Der Anfang ist gemacht. Oft ist es nämlich so: Wenn uns *eine* positive Situation eingefallen ist, folgen weitere – als seien Erinnerungen im Gedächtnis gestapelt, sodass, wenn wir eine herausziehen, der ganze Stapel in Bewegung gerät. Nehmen Sie sich 30 Minuten Zeit. Schreiben Sie alles auf. Vielleicht fällt Ihnen zuerst auch etwas aus dem Privatleben ein – in Ordnung. Danach suchen Sie weiter: nach dem, was in Ihrem Berufsleben gut gelaufen ist.

Mit dieser Übung lassen sich Erinnerungen wecken an das, was wir gemeistert haben im Berufsleben, an das, was uns wichtig ist, was für uns Bedeutung hat. Und indem wir uns an das erinnern, was uns gelungen ist, kommen wir jetzt, im Moment des Erinnerns, wieder in Verbindung mit den positiven Gefühlen von damals und mit den Stärken, die wir dabei genutzt und eingesetzt haben.

Seminarteilnehmer und Coachees sind oft überrascht, welche und wie viele Fähigkeiten sie bei diesem Blick zurück entdecken.

Ein Beispiel
Eine Versicherungskauffrau, 56 Jahre alt, erinnerte sich im Rahmen dieser Übung plötzlich daran, wie sie 30 Jahre zuvor als Angestellte in einem Sonnenstudio gearbeitet hatte. Damals hatte sie davon geträumt, ihr eigenes Studio zu führen. Sie hatte das Ziel gehabt, so viel Geld damit zu verdienen, dass sie gemeinsam mit ihrem Mann den Kauf eines eigenen Hauses finanzieren könnte. Eines Tages hatte sie sich ein Herz gefasst und ihren Chef angesprochen. Der war bereit gewesen, sie zu unterstützen. Er hatte ihr einen Tipp für mögliche Räume gegeben und ihr bei den Verhandlungen mit der Bank den Rücken gestärkt. Einige Monate später hatte die Frau ihr eigenes Studio eröffnet. Sie erinnerte sich bei der Übung daran, dass sie das selbstständige Arbeiten, die Verantwortung, die Gestaltungsfreiheit als befriedigend und erfüllend, allerdings auch als stressig erlebt hatte. Zehn Jahre lang hatte sie erfolgreich ihr Studio gemanagt. (Und es war ihr gelungen, ihren Traum vom eigenen Haus zu verwirklichen.) An diesen Abschnitt ihres Berufslebens hatte sie lange nicht mehr gedacht.

Das Positive in der Vergangenheit
Die beiden amerikanischen Forscher Zimbardo und Boyd haben sich intensiv mit der Psychologie der Zeit beschäftigt, u. a. damit, wie wir uns erinnern und wie wir Zukunftspläne schmieden. Sie sagen, dass Menschen,

die sich an etwas Positives erinnern können, Dankbarkeit fühlen und dass dieses Gefühl Einfluss darauf hat, wie sie in die Zukunft schauen. Sie richten ihren Blick nämlich zuversichtlicher auf das, was vor ihnen liegt (Zimbardo und Boyd 2009).

> **Tipp**
> Bevor Sie sich Ihren Zielen und Ideen für Ihre nächsten beruflichen Schritte, für Ihre berufliche Umorientierung zuwenden, verbinden Sie sich innerlich ganz bewusst mit dem, was Sie schon einmal geschafft haben, worauf Sie stolz sind.

Und vielleicht wollen Sie auch andere künftig wissen lassen, was gut gelaufen ist, was Sie erfolgreich gemeistert haben. Sollten Sie zu den Menschen gehören, die eher zurückhaltend sind und das Sprechen über eigene Erfolge und Geleistetes tendenziell als nervige Prahlerei empfinden, mag es hilfreich sein, das ab und zu auszuprobieren. Denn im Verlauf Ihrer beruflichen Umorientierung wird es auch darauf ankommen, anderen zu vermitteln, was Ihre Stärken sind. In Kap. 9 gehe ich ausführlich auf diesen Punkt ein.

3.2 Gut mit Krisen umgehen

Berufliche Umorientierung und die Entwicklung einer (neuen) beruflichen Perspektive ist ein Prozess. Der braucht i. d. R. Geduld und Offenheit für das, was im Prozess entsteht, und die Bereitschaft zu lernen – vor allen

Dingen aber Wertschätzung für uns und für das, was jetzt ist, für unseren beruflichen Weg bis hierher. Wir haben unsere Kraft, Energie, Intelligenz, unser Wissen gegeben und es so gut gemacht, wie es ging. Einiges hat funktioniert, anderes war vielleicht eine Sackgasse. Dazu gehören auch Krisen, kleinere oder größere.

Befindet man sich gerade in einer Krise, mag es schwerfallen, den Blick *überhaupt* nach vorn zu richten und sich mit den eigenen Zielen, mit der eigenen beruflichen Zukunft zu beschäftigen. Krisen können dazu führen, dass Angst oder andere lähmende Gefühle eine Zeitlang alles dominieren. Wir mögen geschockt sein angesichts des Unterschieds zwischen unseren Erwartungen und dem, was in der Realität stattdessen eingetroffen ist, und diese neue Realität vielleicht gar verneinen oder nicht wahrhaben wollen. Möglicherweise sind wir erst viel später in der Lage, die neuen Umstände innerlich zu akzeptieren. Erst dann sind wir bereit, zu untersuchen, was wir tun können, und etwas auszuprobieren.

Der deutsch-amerikanische Soziologe Kurt Levin beschreibt Krisen als eine Abfolge einzelner Phasen, die Menschen durchlaufen. Wichtig ist dabei nicht so sehr, ob die Abfolge immer gleich ist und ob tatsächlich alle Phasen bei jedem Menschen genau so vorkommen. Der Wert seines Modells liegt vielmehr darin, dass es die Krise als einen Prozess betrachtet, der Zeit und Geduld braucht. Nach einer Krise mögen wir mit einem schweren Verlust zurückbleiben und dennoch später, aus einer anderen Perspektive, vielleicht etwas Gutes an der Entwicklung finden, etwas, das wir gelernt oder gar gewonnen haben. Womöglich stellen wir fest, dass wir einen Weg eingeschlagen haben, auf den wir uns ohne die Krise vielleicht nie gewagt hätten.

Existenzielle Erfahrungen
Krisensituationen können uns mit existenziellen Themen in Kontakt bringen. Dazu gehören z. B. Erfahrungen wie die, dass

- das Leben manchmal ungerecht sein kann,
- wir gewissen Nöten des Lebens und dem Tod nicht entgehen können,
- wir trotz Nähe in Beziehungen dem Leben allein gegenübertreten und
- jeder Mensch letztlich selbst die Verantwortung dafür trägt, wie er sein Leben lebt.

Krisen können Menschen dazu bringen, sich den Grundfragen des Lebens zu stellen und ihr Leben ehrlicher und weniger oberflächlich zu leben. Das hat dann oft auch Auswirkungen auf ihre berufliche Bestandsaufnahme und kann ihre berufliche Umorientierung beeinflussen.

Wann ist es Zeit, nach vorn zu schauen?
Wann der richtige Zeitpunkt ist, den Blick nach vorn zu richten, entscheiden Sie. Manche Seminarteilnehmer können sich beispielsweise nach einem Burn-out oder einer mehrmonatigen Erkrankung (noch) nicht an etwas aus ihrem Berufsleben erinnern, das positiv ist, auf das sie stolz sind. Oft liegt das daran, dass sie ihren alten Beruf nicht mehr ausüben können und sich beruflich

umorientieren *müssen*, obwohl sie eigentlich gar nichts hatten verändern wollen.

Wenn Ihnen das vertraut vorkommt, dann würde ich Sie gern dafür gewinnen, zuerst die folgende Übung zu machen, bevor Sie – irgendwann später – in einem nächsten Schritt entscheiden, nach Gelungenem, nach den Erfolgen in Ihrer beruflichen Vergangenheit Ausschau zu halten.

> **Übung**
>
> Überlegen Sie jeden Abend, wofür Sie an diesem Tag dankbar sind. Machen Sie eine Liste, jeden Abend, 14 Tage lang. „Wozu?", mögen Sie fragen, „die Vergangenheit ist doch nicht zu ändern." Das nicht, was wir aber verändern können, ist die Einstellung zu unserer Vergangenheit. Menschen, die diese Übung eine Zeitlang machen, berichten von mehr Dankbarkeit und von einem versöhnlicheren Blick auf ihre Vergangenheit. Probieren Sie es aus. Wenn Sie diese Übung zwei Wochen lang gemacht haben, widmen Sie sich der folgenden Übung. Nehmen Sie sich 30 Minuten Zeit, und sorgen Sie dafür, dass Sie ungestört sind.
>
> Notieren Sie drei bedeutende Ereignisse in Ihrem Leben. Denken Sie anschließend über folgende Fragen nach: Wenn sich daraus positive Lehren ziehen lassen würden, worin könnten sie bestehen? Und einmal angenommen, diese Lehren könnten Ihre Zukunft verbessern – in welcher Weise könnte das geschehen?

Wozu das gut ist? Der Medizinsoziologe Aaron Antonovsky hat sein Forschungsinteresse nicht auf das gerichtet, was Menschen krank macht, sondern auf das, was sie gesund macht, was ihre Genesung fördert. Dabei, so hat er herausgefunden, ist ganz wesentlich, dass Menschen das, was ihnen widerfährt, verstehen (in einem größeren Zusammenhang sehen), als sinnvoll erleben und handhaben können, sprich: zu dem Schluss kommen, dass das Leben uns Aufgaben stellt, die wir lösen können. Wem es gelingt, in einer Krise, einer Erkrankung, in dem, was ihm widerfahren ist, einen Sinn zu finden – statt die Erfahrung als bedeutungslos und zufällig anzusehen –, wer also z. B. darüber nachdenkt, was er durch das unliebsame Ereignis lernen kann, der erholt sich schneller. Sobald wir annehmen, dass es aus einem Ereignis etwas zu lernen gibt, wenden wir uns ihm mit einer offeneren und aktiveren Haltung zu. Wir erleiden dann nicht nur das, was uns widerfährt, sondern wir nutzen es, um daraus zu lernen.

Vielleicht wollen Sie sich jetzt der ersten Übung – der Erinnerung an positive Situationen im Beruf – zuwenden. Sie entscheiden, welche Übung Ihnen wann nutzt.

3.3 Fazit und Ausblick

Wer schwierige Situationen in der Vergangenheit bewältigt hat, kann darauf vertrauen, auch künftige Herausforderungen bewältigen zu können. Wer sich bewusst mit dem verbindet, was er oder sie schon gemeistert hat, ist innerlich gestärkt und hat eine gute „Steuerungsposition" (Schmidt 2016). Wenn wir uns aus dieser Position heraus unseren Zielen und Ideen für unsere berufliche Zukunft zuwenden, sind wir optimal gerüstet. Im nächsten Kapitel (Kap. 4) zeige ich, wie Sie sich über Ihre beruflichen Ziele und über die Richtung, in die Sie beruflich streben, klar werden können.

Literatur

Schmidt, G. (2016). *Einführung in die hypnosystemische Therapie und Beratung* (7. Aufl.). Heidelberg: Carl-Auer.
Zimbardo, P., & Boyd, J. (2009). *Die neue Psychologie der Zeit und wie sie Ihr Leben verändern wird*. Heidelberg: Spektrum Akademischer.

4

In welche Richtung soll es gehen? Werte und Ziele aufeinander abstimmen

Was Sie in diesem Kapitel erwartet
Wer ein berufliches Ziel über längere Zeit gegen den Widerstand der eigenen Werte und Gefühle verfolgt, kann sich anhaltendes Unbehagen einhandeln oder gar scheitern. In diesem Kapitel geht es darum, wie Sie Klarheit gewinnen können über Ihre Werte. Wer seinen Werten auf die Spur kommt, kann seine Ziele nicht nur logisch und vernünftig, sondern auch im Einklang mit dem, was ihm im Leben und bei der Arbeit wichtig ist, setzen. Auch Zielkonflikte lassen sich mit Werten lösen.

4.1 Ziele und persönliche Werte

Psychologen wissen, dass Motivation, also der Impuls, etwas zu tun, dann entsteht, wenn wir in einer Situation sind, die nicht so ist, wie wir uns das vorgestellt hatten. Technisch gesprochen: Der Sollwert weicht vom Istwert ab. Wer beispielsweise im Beruf unzufrieden ist, ist motiviert, seine Situation zu verändern, und kann nun – ganz rational und logisch – überlegen, was er anstrebt, welche Position im Unternehmen er erreichen will oder welcher nächste Karriereschritt machbar wäre. Wer so vorgeht, will ein bestimmtes Ergebnis erreichen – das motiviert ihn.

Es lässt sich aber auch anders an die Sache herangehen: indem man sich nämlich von dem leiten lässt, was man richtig gern tut, was einem Spaß macht. Der Anreiz liegt dabei in der Tätigkeit selbst. Es geht nicht darum, wohin sie uns führt oder was wir damit erreichen können. Das, was uns Spaß macht, bestimmen wir nicht rational und logisch, das formulieren wir eher „aus dem Bauch heraus".

Die beiden Möglichkeiten unterscheiden sich also deutlich: Im ersten Fall wird das Ziel bewusst und rational festgelegt, oder vielleicht wird es uns auch vorgegeben bzw. von Vorgesetzten nahegelegt. Nach Gefühlen wird hier nicht gefragt. Im zweiten Fall ist das anders, da spielt die gefühlsmäßige Bewertung eine entscheidende Rolle. Wir fühlen eher, als dass wir wissen, was uns Spaß macht. Da ist Unbewusstes beteiligt. Der Anreiz „packt" uns ganzheitlicher, und auch unsere persönlichen Werte spielen dabei eine Rolle.

Es geht hier nicht darum, dass eine der beiden Vorgehensweisen „besser" oder „schlechter" wäre. Stehen wir vor einer klar strukturierten Aufgabe, bei der das Ergebnis zählt, ist die Frage, ob unsere Werte und Gefühle beteiligt sind, unwichtig. Wenn es aber um Sinnerleben geht, dann kommt es darauf an, die bewusste analytische und die ganzheitliche gefühlsmäßige Vorgehensweise miteinander in Einklang zu bringen, sie zu „synchronisieren" (Storch 2008).

Warum das wichtig ist? Kurzfristig können wir um des Ergebnisses willen bewusst, rational und logisch vorgehen, ohne nach den eigenen Werten zu fragen. Wenn wir ein Ziel jedoch über längere Zeit verfolgen – wie es bei beruflichen Zielen die Regel ist – und unser Gefühl und die eigenen Werte ganz außer Acht lassen, dann besteht die Gefahr, dass wir scheitern oder uns dauerhaftes Unbehagen einhandeln. Wollen wir mit einem Ziel erfolgreich sein, sollten wir also unsere Gefühle und Werte berücksichtigen. Wie finden wir heraus, was unsere Werte sind?

Ein Beispiel
Eine 46-jährige Sachbearbeiterin war seit vielen Jahren in einem Versicherungskonzern tätig. Sie hatte lange darauf hingearbeitet, in den Unternehmensbereich, der sie interessierte – der Bereich Gesundheit – wechseln zu können. Das war ihr gelungen. Sie empfand ihre Arbeit als befriedigend. Jahre später sollte dieser Bereich im Rahmen einer Umstrukturierung an einen anderen Standort verlegt werden. Die Sachbearbeiterin sah sich vor die Wahl gestellt, an den neuen Standort zu ziehen oder aber mit den Kollegen zusammen eine Abteilung am bisherigen Standort zu verstärken. In dieser für sie schwierigen Entscheidungssituation nach ihren Werten gefragt, wurde ihr bewusst, dass die Zusammenarbeit mit den Kollegen in dem langjährigen Team, das sie maßgeblich mit geschaffen hatte, für sie einen hohen Wert hatte. Sie entschied sich, am bisherigen Standort zu bleiben. Die Besinnung auf den Wert „Mit anderen gemeinsam etwas schaffen" half ihr, nicht nur die Entscheidung zu treffen, sondern auch die anschließende, sehr herausfordernde Einarbeitung in ein ganz neues Themengebiet zu bewältigen.

4.2 Was sind Werte?

Wir erleben Sinn in oder bei etwas, das wir als wert-voll erleben. Umgekehrt heißt das: Unsere Werte bestimmen, was wir als sinn-voll erleben. Im Fall der Sachbearbeiterin aus dem gerade geschilderten Beispiel war das die

Zusammenarbeit in einem langjährigen Team. Werte sind also der Maßstab für das, was uns wichtig ist – im Privatleben und auch im Beruf.

Beispiele für Werte sind: Aufrichtigkeit, Beharrlichkeit, Beziehungsfähigkeit, Entwicklung, Erfolg, Geborgenheit, Gerechtigkeit, Karriere, Kreativität, Offenheit, Sicherheit, Wachstum, Wohlstand, Vertrauen, Zuverlässigkeit …

Anders als Ziele sind Werte nicht etwas, das wir verfolgen und irgendwann erreichen. Werte befinden sich auf einer höheren Abstraktionsebene. Sie haben etwas zu tun mit der inneren Haltung, mit der wir im Leben unterwegs sind. Die Wichtigkeit von Werten spüren wir häufig in Situationen, in denen eines unserer Ziele wegbricht. Für die Sachbearbeiterin in unserem Beispiel entstand eine Leerstelle, als der Bereich Gesundheit, der ihr so am Herzen lag, im Zuge einer Umstrukturierung einem anderen Standort zugeschlagen wurde. Sie erlebte diese Situation als starken Bruch in ihrer beruflichen Laufbahn, denn sie verlor das, was sie „erfüllt" hatte. In dieser sich über fast zwei Jahre erstreckenden Übergangsphase, in der sie sich neu orientieren und in ein unbekanntes Sachgebiet einarbeiten musste, gab ihr der Wert „Zusammenarbeit im langjährigen Team" ein Gefühl von Kontinuität. Das Beispiel zeigt, welche Bedeutung unsere Werte bekommen, wenn das, was uns Ausrichtung gegeben hat, wegbricht. In Krisenzeiten können wir auf unsere Werte zurückgreifen.

4.3 Wie man den eigenen Werten auf die Spur kommt

Den eigenen Werten kommen wir auf die Spur, indem wir uns die Frage nach dem *Warum* stellen. Mit dieser Frage richten wir unsere Aufmerksamkeit auf die grundsätzliche innere Haltung, mit der wir unterwegs sind. Die folgende Übung hilft Ihnen herauszufinden, was Ihre Werte sind.

> **Übung**
>
> Suchen Sie sich einen ruhigen Ort, an dem Sie in der nächsten halben Stunde ungestört sind. Überlegen Sie: Was versuche ich im Leben zu tun? Notieren Sie alles, was Ihnen einfällt. Nehmen Sie sich Ihre Notizen innerhalb der nächsten Tage immer wieder mal vor. Wollen Sie noch einen Wert ergänzen? Gibt es etwas, das Ihnen auch noch wichtig ist? Machen Sie mehrere Durchgänge. Dann wählen Sie den Wert aus, der jetzt für Sie, in Ihrem Leben, die größte Bedeutung hat. Markieren Sie diesen Wert.

Eine andere Möglichkeit, den eigenen Werten auf die Spur zu kommen, bietet die folgende Fantasiereise, zu der ich Sie einladen möchte.

> **Übung**
>
> Stellen Sie sich vor, Sie könnten einen Blick in Ihre Zukunft werfen. Angenommen, Sie würden da sich selbst sehen, und zwar im Alter von 86 Jahren, und Ihr 86-jähriges Selbst würde auf Sie zurückblicken. Was würde der/die 86-Jährige Ihnen darüber sagen, worauf es im Leben ankommt? Was im Leben wichtig ist? Notieren Sie, was Ihr Selbst aus der Zukunft Ihnen sagen würde. Welche Werte erkennen Sie dahinter?

Wer sich seiner Werte bewusst ist, der kann sie nutzen, um seinen Zielen Kraft zu geben. So können Sie sich z. B. fragen, welches Ziel am ehesten geeignet ist, Sie in Einklang zu bringen mit dem, was Ihnen im Leben wichtig ist, oder Sie dem näher bringt, was Sie im Leben zu tun versuchen. Die Antwort darauf lässt sich nicht mit dem Verstand geben. Hier ist Ihr Gefühl gefragt. Das muss nicht „der Bauch" sein. Vielleicht erleben wir die oft eher diffuse Reaktion im Sinne von „gut" oder „schlecht" anderswo im Körper. Wir können nicht sagen, was *richtig* ist, aber registrieren, was *stimmig* für uns ist.

4.4 Werte nutzen, um Zielkonflikte zu lösen

Wenn wir uns unsere Werte bewusst machen, hilft uns das auch, Zielkonflikte zu lösen. In der Regel verfolgen wir im Alltag nämlich nicht nur ein Ziel, sondern mehrere. Mit Bezug auf unsere Werte lässt sich eine Priorisierung vornehmen. Werte helfen uns auch, dafür zu sorgen, dass ein *bedeutsames* Ziel sich gegen andere, konkurrierende Ziele durchsetzen kann. Wie das möglich ist? Unsere Werte sind eng mit unserer Erfahrungswelt verbunden.

Ein Beispiel
Einem 59-jährigen Handwerksunternehmer war von seinem Arzt geraten worden, sein Gewicht zu reduzieren. Das – in diesem Fall von außen nahegelegte – Ziel erschien dem Unternehmer logisch und rational unmittelbar einsichtig. Trotzdem schaffte er es nicht, abzunehmen.

Als er sich im Rahmen der Beschäftigung mit den eigenen Zielen auch über seine Werte Gedanken zu machen begann, wurde ihm klar, dass für ihn Körperfülle mit „Gewichtigkeit" und „Autorität" assoziiert war. Erst als es ihm gelang, ein positiv besetztes Bild zu finden, das auf andere Weise Autorität vermittelt, war es ihm möglich, die damit verbundene innere Haltung einzunehmen und sein Verhalten zu ändern, sprich: das Gewicht zu reduzieren.

Der richtig gute Grund
Das Beispiel macht deutlich, dass unser Verstand allein nur begrenzte Ressourcen besitzt, wenn es um diese Aufgabe geht. Wenn es uns aber gelingt, ein rationales Ziel mit einem uns gemäßen Wert zu verbinden, haben wir den richtig guten Grund gefunden, unserem Ziel näher zu kommen. Mit den eigenen Werten werden auf einer ganzheitlichen Ebene unsere Gefühle und unser Unbewusstes mit ins Boot geholt und dann im Dienst des Ziels aktiv. Auf die eigenen Werte können wir also genau dann stoßen, wenn wir ein Ziel, obwohl logisch und rational überzeugend, dennoch *nicht* verfolgen.

4.5 Fazit und Ausblick

Wenn wir das, was wir zu tun beabsichtigen, nicht nur auf das angestrebte Ergebnis hin untersuchen, sondern auch den Wert, die innere Haltung dahinter reflektieren, hilft uns dies, das, was wir uns vorgenommen haben, auch wirklich in die Tat umzusetzen. Im nächsten Kapitel (Kap. 5) zeige ich, wie Sie Ihre Ziele so setzen können, dass diese ihre motivierende Kraft entfalten. Es geht um Ihre langfristige und Ihre kurzfristige Vision und um die Vorteile des Perspektivwechsels.

Literatur

Storch, M. (2008). *Rauchpause. Wie das Unbewusste dabei hilft, das Rauchen zu vergessen.* Bern: Huber.

5

Orientierung auf die Zukunft: Wie Sie sich eigene berufliche Ziele setzen

Was Sie in diesem Kapitel erwartet
In meinen Beratungen treffe ich häufig Menschen, die ihren beruflichen Weg gehen, aber überzeugt sind, gar keine Ziele zu haben oder kein bewusstes Ziel zu haben bzw. keines, das sich sprachlich ausdrücken ließe. Andere dagegen können sehr genau sagen, wo es für sie beruflich hingehen soll. Dieses Kapitel ist der Frage gewidmet, wie man sich ein Ziel setzt. Übungen zeigen Ihnen, wie Sie den Blick weit in die gewünschte berufliche Zukunft richten oder direkt vor sich auf das, was *jetzt* machbar ist. Und wenn Sie bereits wissen, wo es für Sie beruflich hingehen soll, dann erfahren Sie hier, wie Sie Ihr Ziel so setzen, dass es möglichst wirksam ist. *Sie* wählen aus, was Sie jetzt brauchen, was Ihnen spontan am ehesten zusagt. Es gibt nichts falsch zu machen.

Nehmen Sie sich Zeit
Nehmen Sie sich Zeit, Ihr berufliches Ziel zu finden und zu setzen – es lohnt sich. Und haben Sie Geduld. Berufliche Umorientierung, eine berufliche Perspektive entwickelt sich nicht von heute auf morgen. Die Klärung der eigenen Ziele ist Arbeit. Am Anfang müssen Sie vielleicht die eine oder andere Stunde in der Woche investieren. Reservieren Sie sich diese Zeit an einem Ort, an dem Sie möglichst nicht gestört werden. Später, wenn Sie schon eine Weile mit Ihrem Ziel unterwegs sind, reicht eine kleine Wiederauffrischung ab und zu, eine kurze Reorientierung.

5.1 Wie finden Sie heraus, was Sie wollen?

Bei Zielen geht es im Kern um Motivation, also um das, was uns dazu bringt, aktiv zu werden, etwas zu tun. Das muss nichts Großes sein. Das kann die Mitarbeit in einem beruflichen Projekt sein, die Sie anstreben, oder der Besuch einer Fortbildung, von der Sie Ihre Chefin überzeugen wollen, eine neue Präsentationsmethode, die Sie erstmals vor Ihren Kollegen einsetzen wollen, aber auch der neue Beruf, der lange schon ihr Traum ist … Sie fragen sich, was Ihr Ziel ist? Vielen Menschen fällt es leichter, zu sagen, was sie auf jeden Fall *nicht* wollen. Wieder anderen werden die eigenen Ziele bewusst, wenn sie auf Hindernisse stoßen.

Ein Beispiel
Eine 47-jährige Versicherungskauffrau, die ihren Beruf aus pragmatischen Gründen („um Geld zu verdienen") gewählt hatte, erinnerte sich, dass sie darüber hinaus „nie Ziele gehabt" habe. Sie hatte in verschiedenen Abteilungen eines großen Konzerns gearbeitet und während ihrer beruflichen Laufbahn mit unterschiedlichen Schadensbereichen zu tun gehabt, bevor sie in ihre jetzige Abteilung versetzt wurde. Hier waren sie und ihre Kollegen, die sie sehr zu schätzen gelernt hatte, infolge einer Umstrukturierung mit erheblichem zusätzlichem Arbeitsanfall für die Abteilung konfrontiert. Zunehmend waren Kollegen überlastet, der Krankenstand wuchs, das Arbeitsklima in der Abteilung wurde immer angespannter. In dieser Situation wurde der

Versicherungskauffrau klar, dass sie unter diesen Umständen nicht mehr lange durchhalten und auch nicht weiter dort arbeiten wollen würde. Das brachte sie dazu, mit einigen Kollegen über Änderungen in der Arbeitsverteilung nachzudenken. Sie entwickelten ein System, das weitgehend die Stärken und Interessen jedes Einzelnen berücksichtigte und auf diese Weise für jeden Entlastung versprach. Die Versicherungskaufrau gewann ihre Vorgesetzte und alle Kollegen dafür, die Aufgabenverteilung entsprechend zu verändern. Sie berichtete, in diesem Prozess sei ihr erstmals klar geworden, was ihr Ziel bei der Arbeit war: „im Team gemeinsam mit anderen zu schaffen".

5.2 Eine erste Reflexion Ihrer Ziele

Ich lade Sie ein, die folgenden Fragen für eine erste Reflexion Ihrer Ziele zu nutzen. Diese Fragen sollen Ihnen die Arbeit erleichtern. Wenn Sie nicht so grundsätzlich an die Sache herangehen möchten oder wenn einiges Ihnen schon klar ist, können Sie gleich zu Abschn. 5.3 springen.

> **Übung**
>
> Nehmen Sie sich in den nächsten beiden Wochen immer mal wieder eine halbe Stunde, um die folgenden Fragen zu beantworten. Sie müssen nicht auf jede eine Antwort finden. *Sie* entscheiden, was *für Sie* passt, welche Frage Sie inspiriert, darüber nachzudenken, was Sie wollen. Scheuen Sie sich nicht, auch Ziele aufzuschreiben, die Sie für unrealistisch halten. Denken Sie daran, dass es Menschen gibt, die auch dieses Ziel erreicht haben. Ob Sie Ihre Reflexion auf den beruflichen Bereich eingrenzen oder

über Ziele im Leben allgemein nachdenken möchten – *Sie* entscheiden.

1. Die wichtigsten Dinge, die ich zu tun versuche
2. Ziele, die ich habe, wenn ich entscheiden könnte, wie ich wollte
3. Ziele, die ich aufgegeben habe
4. Ziele, die ich habe, von denen ich aber denke, dass ich sie nicht erreichen kann
5. Ziele, die ich habe, von denen ich aber denke, dass sie falsch oder unsozial sind
6. Wie ich sein will
7. Wie ich nicht sein will
8. Was ich tun will
9. Was ich nicht tun will
10. Was ich haben will
11. Was ich nicht haben will

Notieren Sie die Antworten. Versuchen Sie, mindestens 70 Ziele zu sammeln. Machen Sie in den nächsten 14 Tagen mehrere Durchgänge. Wenn Ihre Liste fertig ist, dann besteht die nächste Aufgabe darin, alle Ziele, die Ihnen hier und heute nicht so wichtig sind, zu streichen. Tun Sie das so lange, bis Ihre drei (bis maximal fünf) wichtigsten (beruflichen) Ziele übrig bleiben. Welche sind das? Notieren Sie sie.

Wer sich mit seinen Zielen auseinandersetzt, dem mögen vielleicht auch gleich Hindernisse einfallen, die der Realisierung im Weg stehen. In der Vorstellung beginnt uns bereits die Umsetzung zu beschäftigen. Vielleicht wollen Sie auch solche Gedanken kurz notieren. Wenn ja, dann achten Sie darauf, auch einen Moment zu überlegen, wie sich das jeweilige Hindernis überwinden ließe. Notieren

Sie auch das. Später werde ich auf diesen Aspekt ausführlich eingehen (Kap. 10).

5.3 Wie Sie Ziele so setzen, dass sie motivierende Kraft entfalten

Der Sinn und Zweck eines Ziels ist, uns zum Handeln zu bringen, dafür zu sorgen, dass wir aktiv werden, Eigeninitiative entwickeln, z. B. eine anspruchsvolle berufliche Aufgabe übernehmen, und Vorhaben anzugehen, von denen wir im Vorhinein nicht hundertprozentig sicher sein können, dass sie gelingen. Das Ziel motiviert uns dazu. Wir wissen, *wofür* wir die Anstrengung auf uns nehmen, das Wagnis eingehen.

> **Tipp**
>
> Damit Ihr Ziel motivierende Wirkung entfaltet, sollten Sie es so setzen, dass
>
> 1. Ihr Ziel positiv ausdrückt, was Sie erreichen wollen,
> 2. Sie selbst etwas tun können, um es zu erreichen,
> 3. Ihr Ziel nicht zur Voraussetzung hat, dass eine andere Person sich ändert,
> 4. Ihr Ziel für Sie attraktiv ist und
> 5. Ihr Ziel für Sie persönlich stimmig ist.

Was heißt das im Einzelnen? Was genau können wir tun, wenn wir uns ein Ziel setzen? Worauf sollten wir achten?

1. Ihr Ziel sollte positiv ausdrücken, was Sie erreichen wollen Wenn Sie der obigen Einladung zu einer ersten Reflexion Ihrer Ziele gefolgt sind, dann werden sich auf Ihrer Liste der drei bis fünf wichtigsten Ziele vermutlich jetzt positiv und negativ formulierte Ziele finden. Sie wollen beispielsweise „im Team mit anderen zusammenarbeiten" (positiv) und „keine Aufgaben mehr im IT-Bereich übernehmen" (negativ). Letzteres Ziel bezeichnet die Motivationsforschung als „Vermeidungsziel". Damit ist ein Ziel gemeint, das ausdrückt, was wir künftig nicht mehr tun bzw. vermeiden wollen. Vermeidungsziele fordern dauernde Kontrolle von uns, damit wir tatsächlich „keine Aufgaben mehr im IT-Bereich übernehmen". Wir müssen also immer auf der Hut sein. Das bindet unsere Aufmerksamkeit und ist nicht selten von Anspannung begleitet. Wir bleiben auf diese Weise sozusagen dauernd mit dem Ungewünschten (den IT-Aufgaben) in Kontakt. Und selbst wenn wir die Gefahr einmal erfolgreich abgewehrt haben, können wir nie sicher sein, dass sie nicht schon bald von einer anderen Seite droht (s. Grawe 2004).

Bei positiv formulierten Zielen ist das anders. Um den Unterschied hervorzuheben, werden diese Ziele in der Forschung als „Annäherungsziele" bezeichnet. Gemeint ist damit, dass es etwas gibt, auf das wir uns zubewegen, an das wir uns annähern wollen (statt wie bei Vermeidungszielen von etwas fortzuwollen). Wenn wir unseren Blick auf das in der Zukunft Angestrebte richten, können wir einen Weg dahin erkennen und auch leicht feststellen, ob wir dem Ziel näher kommen. Im Näherkommen können wir unsere Fortschritte registrieren, und das motiviert uns weiterzugehen (s. auch Kap. 13). Annäherungsziele und

Vermeidungsziele sind nicht einfach ein positives bzw. negatives Bild desselben Inhalts, sondern entfalten unterschiedliche Wirkung. Achten Sie darauf, Ihr Ziel so zu setzen, dass Sie sich ihm annähern wollen.

2. Sie sollten selbst etwas tun können, um das Ziel zu erreichen Entscheidend für die Wirksamkeit unserer Ziele ist, dass wir selbst etwas tun können, um sie zu erreichen. Auf unsere Initiative, unsere Aktivität kommt es an. Hier geht es nicht um die Frage, ob wir unser Ziel am Ende auch genau so wie ausgemalt erreichen, und auch nicht darum, dass wir alles allein machen müssen. Wir brauchen immer die Unterstützung anderer, um unseren Weg gehen zu können (auf diesen Aspekt gehe ich in Kap. 9 ausführlicher ein). Es geht vielmehr darum, dass wir selbst dazu *beitragen* können, das Gewünschte zu realisieren.

3. Das Erreichen des Ziels sollte nicht voraussetzen, dass andere sich ändern Falls Ihr Ziel beispielsweise nur dann realisierbar ist, wenn Ihr Chef „endlich Vorschlägen von Mitarbeitern Gehör schenken würde", Sie aber seit vielen Jahren für ihn arbeiten und wissen, dass das wahrscheinlich nie passieren wird, wäre dies bezogen auf Ihre Zielsetzung eine „Restriktion", weil wir nämlich andere Menschen nie ändern können. Sie würden sich also damit ein Ziel setzen, das Sie nicht aktiviert, sondern zur Passivität verdammt. Wir sollten nicht darauf warten, dass andere sich ändern. Wir können niemanden zwingen, etwas zu tun, was er oder sie nicht will. Wir können nur uns selbst und unsere Haltung zu anderen Menschen verändern. Achten Sie also darauf, dass die Frage, ob Sie Ihr

Ziel erreichen, nicht davon abhängt, dass jemand anders sich ändert.

4. Ihr Ziel sollte attraktiv für Sie sein Ob Ihr Ziel wirksam gesetzt ist, können Sie prüfen, indem Sie sich die Frage beantworten: „Welche Beziehung habe ich (als Zielsetzer) zu dem Ziel?" Es gibt nämlich Ziele, z. B. Karriereziele, die rational betrachtet überzeugend sind, logisch auf all dem aufbauen, was Sie bisher beruflich gemacht haben ... *und* ein Gefühl von Desinteresse in Ihnen auslösen. Ein Ziel mag vernünftig klingen, und trotzdem empfinden Sie es als unattraktiv. Ziele können uns auch einschüchtern, weil sie eine riesige Herausforderung darstellen. Mancher formuliert dann zwar das Ziel, tut aber nichts dazu, es zu erreichen. Ein Ziel kann uns aber auch stolz machen und innerlich wachsen lassen. Was wir brauchen, damit das selbst gesetzte Ziel uns voranzieht, uns aktiv werden lässt, ist im besten Fall eine „erotische" Beziehung zu unserem Ziel, denn wir wollen ja, dass es uns lockt. Prüfen Sie also Ihre Beziehung zu Ihrem Ziel. Mobilisiert es Energie in Ihnen? Zu wem werden Sie, wenn Sie mit diesem Ziel unterwegs sind?

5. Ihr Ziel sollte für Sie persönlich stimmig sein Stimmig sind Ziele, die uns entsprechen, oder anders ausgedrückt: die eine Resonanz in uns erzeugen. Woran merkt man das? Wenn etwas für uns stimmig ist, stellt sich dabei ein Gefühl von „passend" oder „richtig" ein. Diese gefühlsmäßigen Bewertungen können wir – mit einiger Übung – physiologisch, d. h. als Körperempfindung wahrnehmen. Man bezeichnet das als „somatische Marker".

Manche Menschen nehmen diese körperlichen Signale im Bauch wahr, andere in der Herzgegend (s. Storch und Tschacher 2014). Körpersignale können positiv oder negativ sein: Wenn etwas voraussichtlich positiv sein wird, haben wir ein positives Gefühl, wird etwas voraussichtlich negativ sein, entsteht in uns ein negatives Gefühl. Diese Bewertungen schickt uns unser Unbewusstes, unser unwillkürliches System – das ist der Teil unseres Gehirn, der Eindrücke aus der Umwelt blitzschnell daraufhin prüft, ob etwas gut oder schlecht für uns ist, ob Gefahr besteht, ob ein Angriff Zweck hat oder Flucht besser wäre oder nur noch Totstellen möglich ist. Wenn wir lernen, auf diese Signale zu achten, also auf das spontane erste Gefühl, das sich einstellt, wenn wir z. B. unsere Ziele aufschreiben, kann uns das wertvolle Rückmeldungen dazu geben, ob ein Ziel für uns stimmig ist.

Bei der nächsten Übung nähern Sie sich Ihren Zielen, indem Sie sich klarmachen, was Sie gern tun, was Ihnen Spaß macht. Den meisten Menschen fällt es leicht, „Stimmigkeit" mit einem positiven Gefühl da wahrzunehmen, wo sie etwas mit Freude tun, wo etwas sie wirklich interessiert.

5.4 Starten Sie mit Ihren Vorlieben

Eine Tätigkeit, eine Arbeit zu finden, die unseren eigenen Vorlieben entspricht, ist ein großes Glück, nicht wahr? Ich möchte Sie hier dafür gewinnen, Ihr Ziel nicht nur mit Blick auf den „Topjob" zu suchen oder zu überlegen, worin idealerweise Ihr „nächster Karriereschritt" bestehen könnte. Achten Sie vielmehr darauf, wie das Ziel *wirkt*, d. h., ob ein positives oder ein negatives Gefühl bei Ihnen entsteht. Bei einem Ziel, das an Ihre Vorlieben, an das, was Sie am liebsten machen, anknüpft, werden sich positive Körpersignale einstellen. Dieses Ziel entfaltet motivierende Wirkung. Auch Hobbys sind ein Ansatzpunkt für die Suche nach Zielen.

> **Übung**
>
> Überlegen Sie:
>
> - Was mache ich mit Leidenschaft?
> - Was fasziniert mich?
>
> Notieren Sie alles, was Ihnen zu diesen beiden Fragen einfällt. Das mögen auch Dinge aus Ihrer Kindheit oder Jugend sein, Kleinigkeiten oder große Aktivitäten, Interessen und Projekte. Listen Sie alles auf, was Ihnen in den Sinn kommt. Nehmen Sie sich mindestens 30 Minuten Zeit. Mit welcher der beiden Fragen Sie beginnen, ist egal. Folgen Sie Ihrem spontanen Impuls.
> Nehmen Sie sich Ihre Notizen am nächsten Tag noch einmal vor. Wollen Sie noch etwas ergänzen? Überrascht Sie das Ergebnis? Was ist Ihre wichtigste Erkenntnis? Notieren Sie sie.

5.5 Entwickeln Sie Ihre langfristige berufliche Vision

Ihren Zielen kommen Sie auch auf die Spur, wenn Sie eine Vision davon entwickeln, wo Sie in fünf Jahren beruflich stehen wollen. Die Idee dahinter: Um eine Veränderung herbeizuführen, die Sie sich wirklich wünschen und die Sie dazu bringt, aktiv zu werden und die nötigen Schritte zu tun, brauchen Sie ein lebendiges Bild von Ihrem Zielort. Und je genauer Sie sich diesen Ort ausmalen, desto mehr Kraft entfaltet das Bild/Ihre Vision.

> **Übung**
>
> Malen Sie Ihr langfristiges berufliches Ziel: Wo möchten Sie beruflich in fünf Jahren stehen? Was soll in fünf Jahren genau sein? Ob Sie eine Landschaft malen, eine oder mehrere Szenen aus Ihrem zukünftigen Beruf oder einfach eine Sammlung von Symbolen für Dinge, die Ihnen wichtig sind – alles ist willkommen. Alternativ: Fertigen Sie eine Collage an.

Seminarteilnehmer reagieren auf die Einladung zu dieser Übung manchmal mit Befremden. Das ist verständlich, denn in vielen beruflichen Kontexten wirken solche kreativen Techniken wie Fremdkörper. Hirnforscher haben jedoch herausgefunden, dass wir, wenn wir etwas verändern wollen – wie bei einer beruflichen Umorientierung – unbedingt unser unwillkürliches System mit ins Boot holen sollten. Nur wenn das unwillkürliche System beteiligt ist, haben auch die für eine Umorientierung notwendigen Verhaltensänderungen eine Chance. Andernfalls reagiert nämlich immer spontan und in Bruchteilen von Sekunden die Gewohnheit, das Sichere und Bewährte. Das unwillkürliche System ist aber nur mit Bildern und Metaphern erreichbar.

Wer sich fragt, wo er in fünf Jahren beruflich sein will, wirft einen Blick weit voraus in die Zukunft. Natürlich können Sie jetzt noch nicht wissen, ob Sie Ihr Ziel genau so auch erreichen werden. Wichtig ist aber zunächst einmal nur, dass Sie sich Ihre Zukunft ausmalen. Und je klarer Ihre Vision von Ihrer beruflichen Zukunft ist, von dem, was Sie zu erreichen versuchen, desto größer ist Ihre Chance, dort hinzugelangen.

Langfristige Perspektiven in kurzfristige Schritte übersetzen
Sie haben an Ihrem Arbeitsplatz mit Zielvorgaben zu tun? Ihnen ist das Umgehen mit Zielen vertraut? Dann wissen Sie: Wenn das langfristige Ziel gesetzt ist, besteht der logisch nächste Schritt darin, es in kurzfristige Unterziele zu übersetzen. Sie gehen sozusagen von einem langfristigen Ziel in Gedanken schrittweise rückwärts bis in die Gegenwart. Dabei überlegen Sie, was genau alles zu tun ist, um von dort, wo Sie heute stehen, an den gewünschten Zielpunkt zu gelangen. Dabei unterteilen Sie jeden Schritt so lange in noch kleinere Schritte, bis Sie zu ganz konkreten Handlungen gelangen. Sie wissen, was ab jetzt zu erledigen ist. Sie haben einen Plan, aus dem zu ersehen ist, was Sie heute, nächste Woche, in einem halben Jahr ... tun müssen, damit das Ziel erreicht wird. Auch bei Ihrem eigenen langfristigen beruflichen Ziel können Sie so vorgehen: Sie „übersetzen" Ihr langfristiges Ziel, Ihre Vision in einen Handlungsplan, den Sie dann Schritt für Schritt „abarbeiten". Das ist die eine Möglichkeit.

Wem bereits ganz klar ist, wohin es beruflich gehen soll, für den ist diese (linear-kausale) Vorgehensweise die effektivste. Wer hingegen noch eine eher ungefähre Vorstellung von dem hat, was er beruflich anstrebt, oder z. B.

aufgrund seiner Lebenssituation nur einen Teil seiner Zeit oder nur begrenzte finanzielle Mittel einsetzen will oder kann (in meinen Seminaren und Beratungen stehen Berufserfahrene oft vor dieser Herausforderung), dem schlage ich eine andere Vorgehensweise vor.

5.6 Wechseln Sie die Perspektive: Entdecken Sie das sofort Machbare

Lautete meine Einladung in der letzten Übung (Abschn. 5.5), den Blick zu heben und weit in die Zukunft zu richten, dann möchte ich Sie hier dafür gewinnen, auf das zu schauen, was jetzt, in der Gegenwart, von dort aus, wo Sie stehen, machbar ist.

Legen Sie Ihr Bild oder Ihre Collage zur Seite, lassen Sie Ihre Vision für jetzt ruhen. Sie wird auch so ihre Wirkung entfalten. Richten Sie dann Ihren Blick auf das, was *jetzt sofort* machbar ist. Wie das gehen kann, illustriert das folgende Beispiel. Vielleicht erkennen Sie sich oder Ihren Partner oder Bekannte darin wieder? (Faschingbauer 2010)

Ein Beispiel
Herr A. lädt Freunde zu einem Essen am Samstagabend ein. Er wählt ein anspruchsvolles Menü aus dem Kochbuch und stellt eine Liste mit Zutaten zusammen, die eingekauft werden müssen. Auf dem Markt stellt sich heraus, dass „sein" Fleischer heute den Braten, den Herr A. machen will, nicht mehr im Angebot hat. Damit ist das

Menü, so wie Herr A. es geplant hatte, hinfällig. Er muss völlig umdisponieren …

Frau B. wirft einen Blick in ihren Kühlschrank. Sie hat noch Gemüse und entdeckt auch etwas Käse. Daraus könnte sich mit einiger Fantasie eine Soße zur Pasta machen lassen. Die will sie ausprobieren. Spontan hat sie die Idee, Freunde dazu einzuladen. Sie greift zum Telefon. Ein Freund bietet an, Wein mitzubringen, eine Freundin hat noch Kuchen. Das wird sicher kein repräsentatives Menü, aber vermutlich ein lustiger Abend werden …

So können Sie starten
Mit der nächsten Übung möchte ich Sie dafür gewinnen, von dem Punkt aus, an dem Sie heute stehen, mit Ihrer beruflichen Umorientierung zu starten. Sie müssen, bildlich gesprochen, nicht „noch schnell etwas besorgen", um dann ein perfektes Menü zu kochen. Auf den Beruf übertragen heißt das, Sie müssen nicht noch erst diese oder jene Fortbildung machen, bevor Sie loslegen können. Es geht um Schritte, die Sie mit dem, was vorhanden ist, mit Ihrer Berufserfahrung, jetzt sofort tun können.

> **Übung**
> Überlegen Sie:
>
> - Was ist jetzt sofort machbar?
> - Welche Idee geht mir schon die ganze Zeit durch den Kopf?
> - Wen kenne ich, den ich mit dieser Idee ansprechen könnte?

> Sammeln Sie alles, was Ihnen spontan dazu einfällt, und notieren Sie es. Gut möglich, dass Ihnen auch Tage später noch Dinge einfallen.

Seminarteilnehmer wundern sich oft, wie viele Ideen sie haben, wenn es darum geht, was sie *sofort* tun können. Wenn Sie mit Ihrer Sammlung fertig sind, wählen Sie Ihre drei Lieblingsideen aus. Erklären Sie eine davon zu Ihrem „Testballon", mit dem Sie starten. Daraus kann, muss aber nicht unbedingt etwas werden. Falls nicht, haben Sie noch zwei weitere Ideen.

Mit dieser Übung ändern Sie Ihre Perspektive, die Richtung, in die Sie blicken, um Ihr Ziel zu finden und die Frage zu beantworten, wohin es beruflich gehen könnte für Sie. Ihre Vision (Abschn. 5.5) des groß Gedachten, der langfristigen Perspektive haben Sie ja bereits. Mit der obigen Übung bleiben Sie gedanklich in der Gegenwart und überlegen, was Sie *jetzt gleich* tun können, um Ihre berufliche Situation positiv zu beeinflussen. Ihren Plan für das große Menü, das in zwei Monaten oder einem halben Jahr serviert werden wird, behalten Sie – und konzentrieren sich jetzt auf das Pasta-Gericht. Doch egal, ob Drei-Gänge-Menü oder Pasta: Sie verfolgen immer das, was einen Wert für Sie hat (Kap. 4).

Das Machbare oder „das Richtige"?
Manche Seminarteilnehmer sind erleichtert, dass es hier nicht darum geht, das eine „richtige" Ziel zu finden, sondern zunächst und vor allem darum, in Bewegung zu

kommen, aktiv zu werden, etwas auszuprobieren. Das wird jedoch nicht beliebig gefüllt, sondern mit etwas, das Ihnen beruflich wichtig ist. Und natürlich sollte das, was Sie ausprobieren, grundsätzlich geeignet sein, Sie Ihrem langfristigen Ziel näher zu bringen, also wenigstens grob in die Richtung gehen, in der Ihre Zukunftsvision liegt.

Jetzt Machbares zu tun sorgt dafür, dass Sie mit dem in Verbindung bleiben, was *jetzt* ist, was Sie bis heute beruflich tun. Ihre Vision ist nur *ein* Pol Ihrer beruflichen Umorientierung. Der andere Pol ist die Gegenwart. Sie schauen jeweils, was sich aus diesem, dem nächsten, dem übernächsten Schritt entwickelt. Berufliche Veränderung ist also ein Prozess, und das bedeutet: Es ergeben sich immer wieder Möglichkeiten für Sie, etwas zu gestalten. Mancher empfindet es nämlich so, dass frühes Festlegen zwar Klarheit bringt, aber keine Offenheit und keine Wahlmöglichkeit. Wer Letzteres möglichst behalten will, der sollte nach dem Motto verfahren: „Setz dir ein Ziel, aber mach dich nicht abhängig davon, es genau so wie gesetzt auch zu erreichen."

Manche meiner Coachees beschäftigt die Frage, was und wie viel sie „noch schaffen" können, was sie beruflich „noch erreichen" können und ob ein Berufswechsel mit Ende 40 „noch Sinn macht". Um die Frage, wie viel Sie beruflich verändern, geht es in Kap. 7. Denn auch wer – aus welchen Gründen auch immer – nicht alles nach dem Motto „Wenn nicht jetzt, wann dann?" auf eine Karte setzen will, möchte jetzt, in der Gegenwart, dem näher kommen, was ihm beruflich am Herzen liegt. Wie an anderer Stelle bereits erwähnt, spricht Csikszentmihalyi in diesem

Zusammenhang von „Flow"-Erlebnissen, bei denen wir ganz in einer Tätigkeit aufgehen. Anders ausgedrückt: Wir finden Zufriedenheit in unserem Tun, sind intrinsisch motiviert. Dem nahe zu kommen lohnt sich, und dazu ist es nie zu spät.

5.7 So unterstützen Sie Ihr Ziel

Zum Schluss noch einmal zurück zu Ihrer Vision: Hirnforscher sagen, je genauer wir uns etwas gedanklich ausmalen – z. B. unser berufliches Ziel –, je genauer wir also imaginieren, wie es sein wird, wenn wir unser Ziel erreicht haben, desto intensiver bahnen, unterstützen, fördern wir die Umsetzung dieses Ziels. Ich lade Sie ein, es auszuprobieren.

> **Übung**
> Stellen Sie sich vor, Sie sind an Ihrem Ziel angelangt. Alles ist so, wie es für Sie passt. Was ist dann da? Wie fühlt sich das an? Woran merken Sie, dass es anders ist als zuvor? Woran arbeiten Sie? Wie sieht die Umgebung aus, in der Sie arbeiten? Und wie reagiert Ihr Partner, wie reagieren Freunde und Bekannte auf Ihre neue berufliche Situation?

Die Hirnforschung zeigt, dass eine solche Imagination Einfluss auf unser unwillkürliches Erleben nimmt (Schmidt 2016). Indem wir also unsere Aufmerksamkeit auf das richten, was wir uns für unsere berufliche Zukunft wünschen, werden mit der Aufmerksamkeit auch Gefühle, innere Haltungen und Absichten aktiviert. Das unterstützt die angestrebte Veränderung. Wer bei dieser Veränderung seinen Blick immer wieder zwischen dem Gewünschten und dem jetzt Machbaren pendeln lässt, der hat die besten Chancen, seine Ziele zu erreichen.

5.8 Fazit und Ausblick

Wer sich ein berufliches Ziel setzt, ist innerlich gut ausgerichtet. Und je besser Sie über das Bescheid wissen, was Ihnen wichtig ist, desto klarer ist die grobe Richtung, in die es künftig beruflich gehen könnte, und desto leichter fällt es Ihnen, Ideen für sofort Machbares zu entwickeln. Sie haben innerlich einen roten Faden gesponnen. An dem entlang lassen sich Entscheidungen treffen. Im nächsten Kapitel (Kap. 6) wird es darum gehen, Klarheit über die Mittel zu gewinnen, mit denen Sie sich auf den Weg machen – Ihre Stärken, Fähigkeiten, beruflichen Erfahrungen und Kenntnisse. Was zeichnet Sie beruflich (und als Person) aus? Werfen Sie einen wertschätzenden Blick auf den Punkt, von dem aus Sie starten. Und von diesem Ausgangspunkt aus generieren Sie Ideen. Sie haben viel mehr Möglichkeiten, als Sie denken.

Literatur

Csikszentmihalyi, M. (2015). *Das Geheimnis des Glücks*. Stuttgart: Klett-Cotta.

Faschingbauer, M. (2010). *Effektuation – Wie erfolgreiche Unternehmer denken, entscheiden, handeln*. Stuttgart: Schäffer-Poeschel.

Grawe, K. (2004). *Neuropsychotherapie*. Göttingen: Hogrefe.

Schmidt, G. (2016). *Einführung in die hypnosystemische Therapie und Beratung* (7. Aufl.). Heidelberg: Carl-Auer.

Storch, M., & Tschacher, W. (2014). *Embodied Communication – Kommunikation beginnt im Körper, nicht im Kopf*. Bern: Huber.

6

Gewinnen Sie Klarheit über Ihre berufliche Kontur

© Springer-Verlag GmbH Deutschland, ein Teil von
Springer Nature 2019
B. Bürger, *Unzufrieden im Beruf?*,
https://doi.org/10.1007/978-3-662-57508-6_6

Was Sie in diesem Kapitel erwartet
Ihr berufliches Ziel haben Sie gesetzt. Sie wissen, in welche Richtung es beruflich gehen soll. Jetzt wollen Sie Klarheit darüber gewinnen, welche Mittel Ihnen zur Verfügung stehen. Was können Sie einsetzen, um Ihrem Ziel näher zu kommen? In diesem Kapitel geht es um Ihre Stärken, Ihre Fähigkeiten, Ihre Berufserfahrung. Sich die klarzumachen mag ein Leichtes für Sie sein. Wer sich dagegen zum ersten Mal systematisch damit beschäftigt, der findet hier Übungen zu seiner Unterstützung.

Welche Informationen sind wichtig?
Berufsberater schätzen, dass die meisten Menschen bei der Jobsuche nicht an fehlenden Informationen über den Arbeitsmarkt scheitern, sondern an fehlenden Informationen über sich selbst (Bolles 2017). Wer sich nämlich klar ist über die eigenen Interessen, die eigenen Stärken und Fähigkeiten, der kann

- anderen gegenüber – seien es Vorgesetzte, potenzielle Arbeitgeber oder auch potenzielle Unterstützer für das eigene Ziel – das „Besondere" herausstellen, argumentieren und belegen, warum ausgerechnet er für eine Aufgabe besonders geeignet ist,
- selbst Fragen stellen, um herauszufinden, ob die Branche, das Unternehmen, die Aufgabe seinen Vorstellungen entspricht – mit anderen Worten: offensiv nach der „Passung" suchen.

Organisationspsychologen haben nämlich herausgefunden, dass Zufriedenheit und Motivation bei der Arbeit viel damit zu tun haben, ob die Aufgabe, die wir übernehmen, zu dem passt, was wir gut können und gern machen.

6.1 Eine Bestandsaufnahme Ihrer Tätigkeiten

Wenn Sie sich klarmachen möchten, welche Mittel im Sinne von Stärken und Fähigkeiten Ihnen zur Verfügung stehen, um ein berufliches Ziel zu erreichen, dann beginnen Sie am besten mit einer Bestandsaufnahme. Wer jenseits der 45 ist, ist wahrscheinlich schon zwischen 15 und 25 Jahre berufstätig, je nach den individuellen Lebensumständen. In dieser Zeit hat man viele Erfahrungen gesammelt, Fähigkeiten erworben, Stärken ausgebildet. Das alles, Ihr ganzer bisheriger Berufsweg, hat zu Ihrer individuellen beruflichen und persönlichen Kontur beigetragen. Vielleicht ist Ihnen das gar nicht so bewusst. Es erscheint Ihnen vielmehr vertraut, als eine Selbstverständlichkeit. Wer jedoch weiß, was er zu bieten hat und was ihn einzigartig macht, der hat in dieser komplexen technologisierten Welt, in der Entfernungen immer unbedeutender werden, eine geheime Kraftquelle, die ihn davor bewahrt, überflutet zu werden und unterzugehen.

Die Übungen in diesem Kapitel können Sie nutzen, um Schritt für Schritt Ihre eigene berufliche Kontur zu „zeichnen". Finden Sie heraus, was Sie in beruflicher Hinsicht ausmacht, was das Besondere an Ihnen ist, und nutzen Sie es für Ihre berufliche Neuorientierung. Sollten Sie schon genau wissen, was Sie gut können und künftig machen wollen, können Sie die folgenden Abschnitte (bis Abschn. 6.5) überspringen. Vielleicht schadet es aber auch nicht, wenn Sie noch ein wenig Arbeit in die Klärung Ihrer beruflichen Kontur investieren – Sie entscheiden!

Meine Einladung lautet, mit der Überlegung zu starten, welche Tätigkeiten Sie bis heute ausgeübt haben. Auch ehrenamtliche Tätigkeiten, Hobbys, politisches oder soziales Engagement gehören dazu. Ebenso das, was Sie nebenhergelernthaben –sog.informellerworbeneKenntnisse– können Sie für Ihr Ziel nutzbar machen, denn auch daraus lassen sich Ansatzpunkte für nächste Schritte entwickeln. Tragen Sie alles aus den folgenden neun Lebens- und Tätigkeitsbereichen zusammen:

- Schule
- Ausbildung
- Studium
- Freiwilligendienst, Bundeswehr, Zivildienst
- Familie und Haushalt
- Arbeit, Praktika, Jobs
- Besondere Lebenssituationen
- Politisches/soziales Engagement
- Hobbys/Interessen

Übung

So gehen Sie vor: Legen Sie auf einem Blatt Papier (mindestens DIN-A4-Format, besser noch Zeichenblockgröße) eine Tabelle an, in der jeder Lebens- und Tätigkeitsbereich eine Spalte bekommt (Abb. 6.1). Und in diese Spalten schreiben Sie alles, was Sie in dem jeweiligen Bereich gemacht haben. Vielleicht bleibt eine Spalte leer, weil es nichts einzutragen gibt. Das ist kein Problem. Es kommt bei dieser Übung nicht

6 Gewinnen Sie Klarheit über Ihre berufliche Kontur

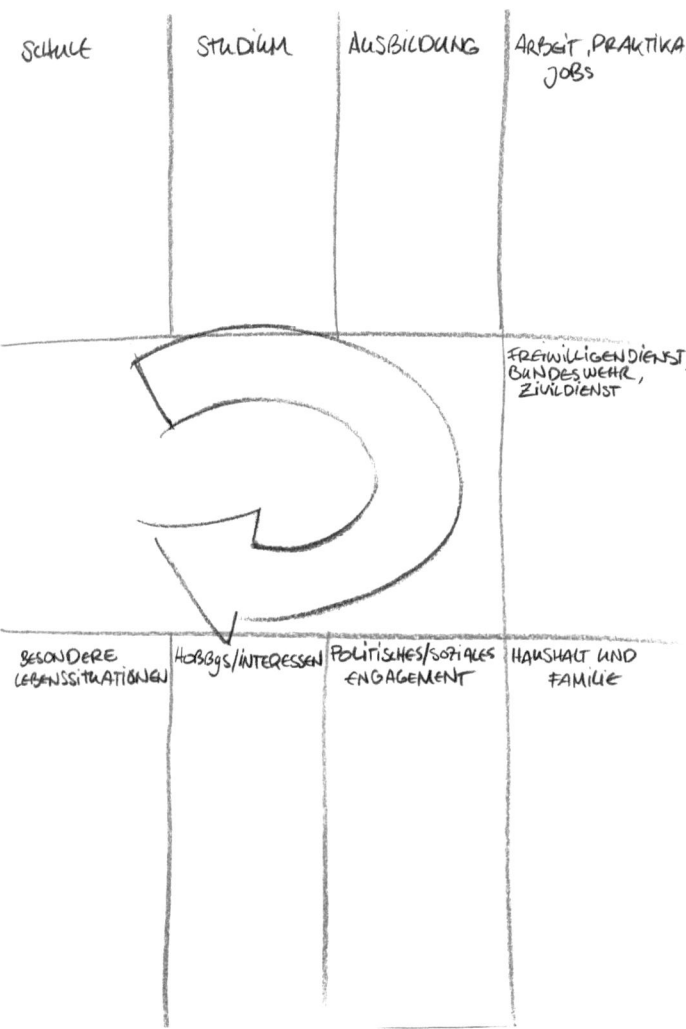

Abb. 6.1 Übung: Lebens- und Tätigkeitsbereiche

> so sehr auf Vollständigkeit an, sondern darauf, einen *ersten Eindruck* zu gewinnen. Am Ende gehen Sie alle Spalten noch einmal kurz durch. Wollen Sie noch etwas ergänzen? Was fällt Ihnen auf? Gibt es Spalten, in denen Sie besonders viele oder gar keine Einträge haben? Gut möglich, dass Ihnen in den nächsten Tagen noch etwas einfällt. Tragen Sie das nach. Wichtig: Heben Sie das Blatt auf. Später werde ich Sie einladen, mit Ihrer Sammlung weiterzuarbeiten.

Seminarteilnehmer und Coachees registrieren bei dieser Übung oft erstaunt, wie viel von dem, was sie in den zurückliegenden Jahren gemacht hatten, ganz in Vergessenheit geraten war. Andere erinnern sich an längst vergessene Stationen ihres Berufswegs.

6.2 Warum es nicht reicht, zu wissen, welchen Beruf man künftig ausüben will

Wir erwerben Kompetenzen durch unsere schulische, universitäre und berufliche Ausbildung, insbesondere auch durch die berufliche Praxis, d. h. die Aufgaben und die Verantwortung, die wir übernehmen. Im Verlauf unseres Berufslebens sind wir u. a. infolge technologischer Fortschritte – hier ist vor allem die Digitalisierung zu nennen – immer wieder mit neuen Qualifikationsanforderungen konfrontiert, mit der Notwendigkeit, zu lernen und uns weiterzubilden. Das mögen große Umbrüche sein, die uns herausfordern, oder viele kleine Schritte, die wir beinahe unbemerkt machen. Auch die Globalisierung fordert nicht nur Unternehmen heraus, sondern wirkt sich auch auf unsere Tätigkeiten, unsere Berufe aus. Was ist damit gemeint?

Ihr Beruf – Ihre Tätigkeit
Vielleicht haben Sie bei der Übung in Abschn. 6.1 registriert, wie viel sich seit Ihrer Erstausbildung verändert hat. Denken Sie jetzt noch einmal gründlicher darüber nach: Wie war das in Ihrem Beruf? Gab es einschneidende technische Veränderungen? Was haben Sie alles an Kenntnissen erworben und angewandt seit dem Berufseinstieg? Viele unserer Qualifikationen erwerben wir mehr oder weniger *en passant* am Arbeitsplatz. Möglicherweise hat sich auch die Organisation Ihrer Arbeit stark verändert – z. B. durch die Digitalisierung –, mit entsprechenden Auswirkungen auf Ihre Tätigkeit und damit auf Ihre Kompetenzen. Welche Tätigkeiten wir ausüben, ist aus unserer Berufsbezeichnung allein nicht zu erkennen. Sie mögen z. B. als Programmierer in einem Unternehmen der Versicherungsbranche eingestiegen sein und heute als Berater in Sachen Sicherheitslösungen für Banken selbstständig sein. Die Bandbreite der Möglichkeiten, Ihre erworbenen Fähigkeiten einzusetzen, ist heute viel größer als zur Zeit Ihres Berufseinstiegs. Wenn es also um die Frage geht, was Sie künftig beruflich machen wollen, haben Sie viele

Optionen. Mit der nächsten Übung lade ich Sie ein, all das, was Sie bisher gemacht haben, für Ihre künftige berufliche Entwicklung in Betracht zu ziehen.

> **Tipp**
> Je klarer unser Bild von unseren Stärken und Fähigkeiten ist, desto besser können wir uns in all den Möglichkeiten, in der Vielfalt orientieren und diese zu unserem Vorteil nutzen. Viele unserer Fähigkeiten sind übertragbar auf andere Berufe und andere Branchen. Es lohnt die Mühe, herauszufinden, ob Sie mit Ihren Fähigkeiten nicht auch genau da arbeiten können, wo Sie das *am liebsten* tun würden.

Und woran orientieren Sie sich in diesem Mehr an Möglichkeiten? Ich möchte Sie dafür gewinnen, sich an dem zu orientieren, was Ihnen liegt, was Ihnen Spaß macht, wovon Sie träumen. Machen Sie das zu Ihrem Ausgangspunkt. Oder, grundsätzlicher ausgedrückt: Setzen Sie bei dem an, was Sie in Ihrem Leben tun wollen und was Sie der Welt zu bieten haben, statt (nur) bei Ihrer Berufsbezeichnung. Ob beim Film, am Flughafen, bei der Agentur für Arbeit … In jedem Unternehmen, jeder Organisation, Institution und Branche sind Menschen aus ganz verschiedenen Berufen mit unterschiedlichsten Vorerfahrungen und Lebensläufen tätig. Und andersherum formuliert: Menschen, die dieselbe Berufsbezeichnung haben wie Sie, können ganz andere Tätigkeiten ausüben als Sie.

6.3 Was war Ihnen wichtig bei Ihren Tätigkeiten?

Wer seine ganz eigene berufliche Kontur „zeichnen" möchte, um – im nächsten Schritt – mögliche Anschlusspunkte für eine Veränderung zu entdecken, der sollte zunächst einen genaueren Blick auf seine bisherige Berufslaufbahn und seine Erfahrungen werfen. Die Sammlung Ihrer Tätigkeiten (Abschn. 6.1) war der erste Schritt. Daraus allein lässt sich allerdings noch nicht erkennen, was das Besondere an Ihrer Kombination von Tätigkeiten und Erfahrungen ist. Dazu muss die Sammlung noch gewichtet werden, z. B, indem wir Tätigkeiten mit Werten verbinden. Die Frage dahinter lautet: *Wofür*, d. h. mit welcher Motivation, haben Sie die Tätigkeit jeweils ausgeübt: um Geld zu verdienen/Sicherheit zu schaffen, oder aus Interesse oder gar Leidenschaft? Mit der folgenden Übung lade ich Sie ein, unter diesen Gesichtspunkten einen genaueren Blick auf Ihre bisherigen Tätigkeiten zu werfen.

> **Übung**
>
> Nehmen Sie die Tabelle, in der Sie Ihre Tätigkeiten aus den neun Bereichen gesammelt haben, noch einmal zur Hand. Jetzt geht es darum, diese Tätigkeiten zu gewichten, und zwar nach drei Kriterien: „Geld verdienen/Sicherheit", „Interesse" und „Leidenschaft". Sie brauchen dazu ein weiteres großes Blatt Papier, z. B. von einem Zeichenblock oder einen Bogen Packpapier (Sie brauchen Platz, denn ich werde Sie in den folgenden Kapiteln einladen, die Übung mit zusätzlichen Aufgaben weiterzuführen). Unterteilen Sie Ihren Papierbogen in vier Spalten. Rechts außen lassen Sie etwa 15 cm Platz frei (Abb. 6.2). Den benötigen Sie später. Bezeichnen Sie die erste Spalte mit „Jahr", die zweite

TÄTIGKEITEN

JAHR	GELD VERDIENEN SICHERHEIT	INTERESSE	LEIDENSCHAFT
1987		AG RELIGION/ETHIK	THEATER AG
1988	ABITUR		
↓			
1991	STUDIUM BETRIEBSWIRTSCHAFT		
1993	PRAKTIKUM BANK		
			PRAKTIKUM KFW ENTWICKLUNGSHILFE
1994	DIPLOMARBEIT (FINANZIERUNG ENTWICKLUNGSHILFE)		
1995	PRAKTIKUM HANDWERKSKAMMER		
1996	HANDWERKSKAMMER		
1998	STELLV. GESCHÄFTS-BEREICHSLEITUNG		

Abb. 6.2 Übung: Tätigkeiten sortieren und gewichten

mit „Geld verdienen/Sicherheit", die dritte mit „Interesse" und die vierte Spalte mit „Leidenschaft". Sortieren Sie jetzt Ihre Tätigkeiten, die Sie in der letzten Übung (Abschn. 6.1) gesammelt haben, in diese Spalten, und gehen Sie dabei, wenn möglich, chronologisch vor. Beginnen Sie mit dem, was am längsten zurückliegt. (Es empfiehlt sich, mit Bleistift und Radiergummi zu arbeiten. Das gibt Ihnen die Möglichkeit, auszuprobieren, wo was hingehört.) Notieren Sie das Jahr links, und schreiben Sie dann die jeweilige Tätigkeit – z. B. ein Ehrenamt während der Schulzeit – in eine der Spalten; in welche, hängt davon ab, was Ihr wichtigster Grund war, sie auszuüben. Wenn eine Tätigkeit in zwei Spalten gehört – z. B., weil Sie sie sowohl aus Interesse als auch um Geld zu verdienen ausgeübt haben –, dann notieren Sie diese Tätigkeit so, dass sie in beide Spalten ragt. Und sollten Sie bei einer Tätigkeit zu dem Schluss kommen, dass sie für Sie kaum eine Bedeutung hat, dann lassen Sie sie weg. Es geht hier nicht um Vollständigkeit.

Vorschläge für Ihre Reflexion:

- Wenn Sie Ihre große Tabelle jetzt betrachten, was fällt Ihnen auf?
- Gibt es vielleicht eine wichtige berufliche Station, die Sie noch in Ihre Chronologie aufnehmen wollen?
- Vielleicht wollen Sie einen Blick in Ihre Zeugnisse werfen, um Ihre Erinnerung aufzufrischen?
- Gibt es Tätigkeiten, die Sie nicht zuordnen konnten? Die nicht passen?
- Gibt es eine Spalte ganz ohne Einträge?
- Lassen sich stärkere und schwächere Spalten, also solche mit vielen Einträgen und solche mit wenigen, erkennen? Erscheint Ihnen das stimmig?
- Haben Sie eine Lieblingsspalte? Einen Lieblingsabschnitt Ihres Berufslebens? Mehrere? Haben diese etwas miteinander zu tun, oder stehen sie unverbunden nebeneinander? Was bedeutet das?
- Und was fällt Ihnen sonst noch auf?

Notieren Sie alles, was Ihnen auffällt. Sollten Sie sich fragen, warum Sie im Zeitalter von Tablet, PC usw. handschriftlich arbeiten: Das „handwerkliche" Vorgehen, das Sortieren und Zuordnen bezieht mehr Sinne mit ein, und Sie aktivieren Ihr Unbewusstes, indem Sie z. B. ausprobieren, welche Anordnung für Sie stimmt. So entwickelt sich eine eigene Dynamik, und das ist genau das, was wir wollen. Es mag einige Zeit kosten, aber es lohnt sich. Heben Sie das Ergebnis auf (in Abschn. 6.5 und später in Abschn. 7.3 und 8.3 werden nächste Schritte daran anschließen).

Zugegeben, es ist aufwendig, sich – vielleicht nach Jahren erstmals wieder – Klarheit über die eigene berufliche Kontur zu verschaffen. Doch wer für die kommenden Berufsjahre Weichen stellen will, sollte sich diese Mühe machen. Die Übung, die ich Sie einlade schrittweise fortzuführen, können Sie am Ende wie einen Steinbruch für unterschiedliche berufliche Bedürfnisse nutzen. So können Sie dort z. B. Material gewinnen, um

- Ihre berufliche Erfahrung mit konkreten Beispielen aus der Vergangenheit zu belegen,
- im Vorhandenen „Anschlussstellen" für ein künftiges Projekt zu entdecken,
- Zusammenhänge zwischen Ihren Kenntnissen verschiedener Branchen aufzuspüren,
- Ihre Expertise auf einem bestimmten Gebiet zu belegen,
- eine Basis für Ihr Selbstmarketing zu finden und
- sich Kontakte in Erinnerung zu rufen, die Sie bei Ihren Plänen unterstützen könnten.

Was Sie zutage fördern, mag Sie überraschen. Dinge zu sortieren und umzusortieren verhilft uns zu einem neuen Blick und zu wichtigen Erkenntnissen.

6.4 So finden Sie heraus, was Ihre Fähigkeiten sind

Nach den eigenen Fähigkeiten gefragt, tun sich Seminarteilnehmer – auch wenn sie sich an zahlreiche Tätigkeiten erinnern können – manchmal schwer und wissen zunächst wenig zu antworten. Das ist nicht verwunderlich.

Uns mag das, was wir schon lange tun, so vertraut sein, so selbstverständlich erscheinen, dass es uns oft gar nicht als „Fähigkeit" bewusst und damit erkennbar ist. Wer den eigenen Fähigkeiten auf die Spur kommen will, kann sich fragen, was jemand können (und wissen) muss, der Ihre Tätigkeit, Ihren Beruf ausüben will.

Bei jeder Tätigkeit, die wir ausüben, nutzen wir Fähigkeiten. Wir üben diese Tätigkeit außerdem in einem Unternehmen oder einer Institution und/oder in einer bestimmten Branche aus. Und wir nutzen dazu bestimmtes Wissen. All das erwerben wir in Ausbildungen, Weiterbildungen, vor allem aber durch praktische Anwendung.

》 Was Tätigkeiten – grundsätzlich betrachtet – ausmacht, sind

1. die *Fähigkeiten* (körperliche, geistige, zwischenmenschliche), die wir nutzen, wenn wir die Tätigkeit ausüben. Diese Fähigkeiten haben wir i. d. R. in einem Beruf erworben, können sie aber auch auf andere Berufsfelder übertragen und dort einsetzen;
2. die *Themen/Wissensgebiete*, auf die wir bei der Ausübung der Tätigkeit zurückgreifen, und

3. das berufliche Feld oder die *Branche*, in der wir die Tätigkeit ausüben (Versicherungsbranche, öffentlicher Dienst, Chemiebranche …).

Mit diesen drei Aspekten lässt sich eine Tätigkeit charakterisieren. Fähigkeiten, Wissensgebiete und Branchenkenntnisse stellen die „Mittel" bereit, die Sie bei künftigen beruflichen Aktivitäten einsetzen und auf denen Sie aufbauen können.

Ein Beispiel
Ein Redakteur war viele Jahre lang in einem kleinen, inhabergeführten Verlag für eine Zeitschrift verantwortlich gewesen, als der Verlag an einen Konzern verkauft wurde. Mehrere Zeitschriften wurden kurz darauf eingestellt, den Mitarbeitern der Redaktionen gekündigt. Der Redakteur, der schon länger unzufrieden war mit seiner Tätigkeit, nutzte die Zeit der Arbeitslosigkeit für eine Weiterbildung im Bereich Prozessmanagement. Anschließend machte er sich selbstständig. Er unterstützt heute Verlage beim Outsourcing. Zu seinen Aufgaben gehört es, vor Ort an den Schnittstellen zwischen Redaktion und Setzerei bzw. Druckerei dafür zu sorgen, dass die Arbeitsabläufe und die Kommunikation zwischen allen Beteiligten gut funktionieren. Dabei nutzt er sein aus seiner langjährigen Tätigkeit stammendes Wissen über Verlagsprodukte und seine Kenntnis aller Arbeitsschritte von der Idee bis zum fertigen

Produkt. Als ehemaliger Redakteur ist er es außerdem gewohnt, die Einhaltung von Terminen zu überwachen und die Arbeit vieler verschiedener Beteiligter (Autoren, Grafiker, Korrektoren, Anzeigenverkäufer …) zu einem Ganzen zusammenzuführen. In der Weiterbildung hat er sich das Denken in Prozessen und deren Optimierung angeeignet.

6.5 Ihre einzigartige berufliche Kontur

Aus der Kombination der Tätigkeiten, die Sie im Laufe Ihres bisherigen Berufslebens ausgeübt haben, ergibt sich Ihre einzigartige berufliche Kontur. Diese Kombination ist das, was Sie auszeichnet. Bei vielen Menschen gehören zum Berufsweg nämlich auch kleine oder größere Umwege, Abstecher, die sich ergeben haben, Dinge, die sie vielleicht ausprobiert haben … Auf Umwegen lernt man die Landschaft kennen. Die unterwegs gesammelten Erfahrungen gehören zu Ihrer Kontur, machen diese aus. Auch die darin enthaltenen Fähigkeiten und das erworbene Wissen lassen sich nutzen als Ansatzpunkt für Künftiges. Bei der folgenden Übung geht es weniger darum, möglichst genau und systematisch alle Fragen zu beantworten, sondern eher um einen offenen Blick aus verschiedenen Perspektiven.

> **Übung**
> Nehmen Sie Ihren großen Papierbogen mit den drei Spalten „Geld verdienen/Sicherheit", „Interesse" und „Leidenschaft" aus der letzten Übung noch einmal zur Hand.

> Wählen Sie jetzt daraus drei Tätigkeiten aus, die bedeutsam für Sie sind. Achten Sie darauf, dass mindestens eine dabei ist, die Sie besonders gern ausgeübt haben. Überlegen Sie für jede der Tätigkeiten, welche Fähigkeiten Sie dabei genutzt haben. Fragen Sie sich, was jemand können muss, der sie ausübt. Legen Sie für jede ausgewählte Tätigkeit ein eigenes Blatt an. Schreiben Sie auch auf, in welcher Branche Sie sie ausgeübt haben und welches Wissen Sie dabei genutzt haben.
> Vielleicht wollen Sie das Ergebnis anschließend jemandem zeigen. Der Blick von außen und Rückfragen zum Verständnis bringen uns häufig Erkenntnisse und Ideen, auf die wir selbst nicht gekommen wären.

Zugegeben: Auch diese Übung macht Arbeit. Was Sie davon haben? Sie entwickeln Schritt für Schritt mehr Gespür für Ihre berufliche Kontur, für das, was Ihnen im Beruf eigen ist, was Sie auszeichnet. Diese Kontur ergibt sich, wie schon erläutert, aus der individuellen Kombination aller Tätigkeiten und Erfahrungen, die Sie in all den Jahren gesammelt haben. Wer sich darüber klar ist, der kann das, was ihn beruflich auszeichnet, auch überzeugend nach außen kommunizieren, sowohl gegenüber Unterstützern (Kap. 9) als auch gegenüber dem potenziellen nächsten Arbeitgeber.

Ein Beispiel
Einem 50-jährigen Ingenieur wurde im Rahmen dieser Übung klar, dass es ihm in seinem letzten Job gelungen war, in seiner Abteilung innerhalb von zwei Jahren ein gut funktionierendes, motiviertes Team aus langjährigen älteren Mitarbeitern und neu eingestellten Ingenieuren

zu schaffen. Indem er diesen Aspekt in einem Vorstellungsgespräch besonders herausstellte, gelang es ihm, seinen künftigen Arbeitgeber, ein mittelständisches Unternehmen, das seit einiger Zeit offensiv junge Nachwuchskräfte rekrutierte, für sich zu gewinnen.

6.6 Besondere Eigenschaften: Rückmeldungen anderer nutzen

Um herauszufinden, was genau uns auszeichnet, steht uns noch eine weitere Quelle zur Verfügung: Rückmeldungen von anderen, die uns helfen, unsere Fähigkeiten zu erkennen. Was uns ganz vertraut und vielleicht nicht einmal erwähnenswert erscheinen mag, darin können andere mit dem „fremden" Blick von außen das Besondere, Bemerkenswerte erkennen. Wir können sie einladen, uns Rückmeldung zu geben, uns ihre Einschätzung mitzuteilen. Es empfiehlt sich allerdings, dafür Personen auszuwählen, von denen wir wissen, dass sie unsere Arbeit schätzen und uns wohlgesonnen sind und – ganz wesentlich – deren Urteil uns wichtig ist.

> **Tipp**
>
> Wir tun gut daran, in unser „Beurteilungsgremium" zunächst Menschen zu berufen, die uns gewogen sind. Später können wir vielleicht auch gezielt den einen oder anderen Kritiker einladen.

Welche Vorteile es hat, auch gezielt Kritiker um ihre Einschätzung zu bitten, erfahren Sie in Kap. 11. Dort zeige ich Ihnen auch, wie Sie sich darauf vorbereiten können. Starten Sie jedoch zunächst mit Personen, die Ihnen gewogen sind.

> **Übung**
> Erinnern Sie sich an das, was eine Ihnen wohlgesonnene Chefin oder ein wohlgesonnener Chef einmal zu Ihnen gesagt hat? Oder wohlmeinende Kollegen? Wurden Sie immer wieder für bestimme Aufgaben ausgewählt? Was sagt das über Sie aus? Was ist Freunden an Ihnen aufgefallen? Kramen Sie in Ihrem Gedächtnis. Suchen Sie gezielt nach positiven Rückmeldungen. Sammeln Sie alles auf einem eigenen Blatt Papier. Vielleicht wollen Sie – so sensibilisiert – in der nächsten Zeit nach Gelegenheiten Ausschau halten, andere um Rückmeldung zu bitten. Notieren Sie, was man Ihnen sagt, ergänzen Sie Ihre Liste. Am Ende wählen Sie mindestens drei und höchstens zehn Eigenschaften aus – Eigenschaften, die Sie selbst wertvoll finden und auf die Sie stolz sind. Markieren Sie sie, z. B., indem Sie sie farbig hervorheben.

Kontur und „Passung"

Eine Kontur ist die Linie, die entsteht, wenn man den Umriss einer Form nachzeichnet. Sie dient dazu, etwas aus seiner Umgebung herauszuheben. Das Ziel ist, ein charakteristisches Erscheinungsbild – in unserem Fall das berufliche und persönliche Profil – zu zeichnen. Nutzen Sie dazu das, was Sie an Erkenntnissen gewonnen und in den vorherigen Kapiteln gesammelt haben. Zu Ihrer beruflichen Kontur gehören Ihre Fähigkeiten, Ihre

6 Gewinnen Sie Klarheit über Ihre berufliche Kontur

Wissensgebiete, die Branchen, in denen Sie gearbeitet haben oder jetzt tätig sind, und Ihre Eigenschaften.

Organisationspsychologen, die die Motivation von Menschen bei der Arbeit untersucht haben, sagen, dass wir dort besonders motiviert und gut sind, wo unsere Kenntnisse und Fähigkeiten möglichst genau zu dem passen, was wir tun. Das bezeichnen sie als „optimale Passung". Es ist ein großes Glück, in einer Tätigkeit, in einem Beruf und an dem Platz, an dem wir ihn ausüben, Zufriedenheit und Erfüllung zu finden. Wer seine Fähigkeiten genau kennt, kann sie anderen vermitteln und weiß, wonach er fragen muss, um herauszufinden, ob eine Tätigkeit, die ihn interessiert, auch passt. Die folgende Übung dient dazu, alles, was Sie an Erkenntnissen gesammelt haben, zusammenzutragen. Was ergibt sich daraus als berufliches Profil, als Ihre Kontur?

> **Übung**
> Zeichnen Sie die Umrisse einer Figur, z. B. so wie in Abb. 6.3. Die entstandene Fläche bietet Raum, um die Ergebnisse und Erkenntnisse aus den Übungen in diesem Kapitel zusammenzutragen: Schreiben Sie in den Bauch der Figur die drei bedeutsamen Tätigkeiten, die Sie ausgewählt haben, mit den dazugehörenden Fähigkeiten, der jeweiligen Branche, dem benötigten Wissen sowie Ihre drei (maximal zehn) besonderen Eigenschaften. Das ist Ihre berufliche Kontur.

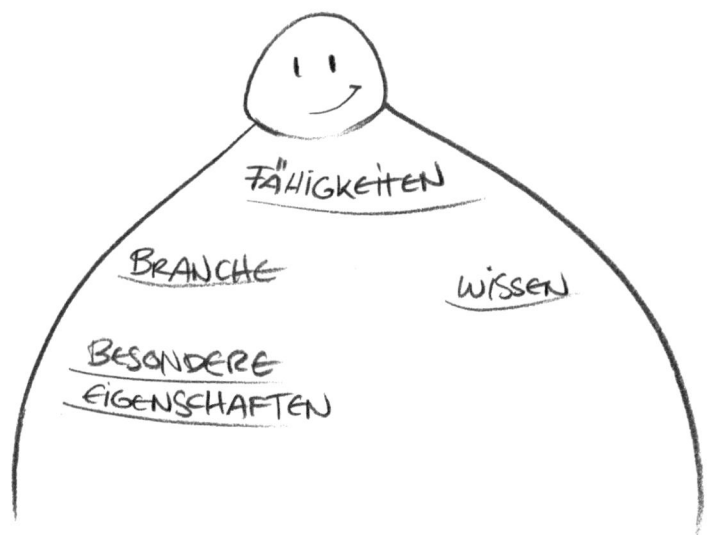

Abb. 6.3 Übung: Ihre berufliche Kontur

6.7 Fazit und Ausblick

Jeder Mensch ist einzigartig: als Person, im Leben und im Beruf. Viele Menschen orientieren sich beim Einstieg in den Beruf an bewährten, viel befahrenen Wegen – und das hilft. Wer sich aber als Berufserfahrener jenseits von Mitte 40 verändern will, der sollte aufbauend auf dem Erreichten eine eigenständige Lösung entwickeln. Sich Zeit für die Selbsterkenntnis zu nehmen lohnt. Je mehr wir uns über unsere Interessen wie über unsere Ressourcen im Klaren sind, desto mehr Klarheit haben wir im Hinblick auf das, was wir in der Zukunft anstreben.

Das erhöht die Chancen auf Zufriedenheit im Beruf. Im nächsten Kapitel (Kap. 7) erfahren Sie, wie sich aus dem, was Sie gesammelt haben, eine berufliche Perspektive entwickeln lässt. Dabei geht es auch um die Frage, ob Ihre berufliche Umorientierung ein „Anbau" oder ein „Neubau" werden soll.

Literatur

Bolles, R. (2017). *Durchstarten zum Traumjob*. Frankfurt a. M.: Campus.

7

Neubau, Anbau oder Umbau – wie viel Veränderung streben Sie an?

Was Sie in diesem Kapitel erwartet
Wer sich jenseits der 45 beruflich neu orientiert, der wird sich mit der Frage auseinandersetzen: Wie viel Veränderung will ich? Welches Wagnis bin ich bereit einzugehen, um mein Ziel zu erreichen? Menschen sind verschieden: Wo die eine bei einer Veränderung ihrer persönlichen Lebenssituation gleich auch ihren Beruf an den Nagel hängt, schätzt ein anderer gerade dann Sicherheit und Kontinuität in diesem Bereich. In diesem Kapitel erfahren Sie von Wegen, die Sie für Ihre berufliche Neuorientierung wählen können. Übungen unterstützen Sie dabei, herauszufinden, welcher für Sie passt.

Noch einmal ganz neu starten
Ich treffe in meinen Seminaren oft Menschen, die beruflich noch einmal ganz neu starten wollen. Mancher hat schon lange einen beruflichen Traum oder kann sich z. B. nach einer gesundheitlichen Krise nicht mehr vorstellen, in den alten Beruf zurückzukehren. Stellen Sie sich Ihre bisherige Berufslaufbahn einmal als ein Gebäude vor, das Sie seit Ihrem Berufseinstieg errichtet haben. Die Frage an Sie lautet jetzt: Ist die Umorientierung – um im Bild zu bleiben – eher eine behutsame, schrittweise Renovierung? (Dazu mehr in Kap. 8) Wünschen Sie sich einen Anbau? Oder planen Sie sogar ein gänzlich neues Gebäude?

7.1 Wenn Sie beruflich „neu bauen" wollen

Wer genau weiß, wo er beruflich hin will, wird ergebnisorientiert vorgehen. Das heißt: Sie überlegen z. B., welchen neuen Beruf Sie ergreifen wollen, und recherchieren die Zugangsmöglichkeiten. Sie planen die Schritte dahin und klären, was Sie an Ressourcen bereits haben und was Sie noch brauchen. Das Ergebnis kann beispielsweise sein, dass Sie noch einmal eine Ausbildung beginnen oder ein Studium absolvieren.

Zwei Beispiele
Eine 45-jährige leitende Angestellte hatte nach dem Abitur eine kaufmännische Ausbildung gemacht und war inzwischen seit vielen Jahren in der Presseabteilung eines Verlags tätig. Sie hatte immer davon geträumt, noch einmal zu studieren. Als in ihrer Abteilung eine Umstrukturierung anstand, nahm sie dies zum Anlass, zu kündigen und ihren Traum zu verwirklichen. Sie schrieb sich für ein Betriebswirtschaftsstudium ein. Zwei Jahre später verfasste sie ihre Abschlussarbeit zu einem Vertriebsthema – in diesem Bereich wollte sie anschließend arbeiten. Nach ihrem Examen fand sie eine Stelle in einem Start-up-Unternehmen, das als Dienstleister den Vertrieb von Produkten per Internet übernahm.

Eine Zahntechnikerin hatte lange Jahre halbtags gearbeitet und gut verdient. Mit Ende 40 stand sie ihrem Beruf zunehmend kritischer gegenüber. Sie sehnte sich danach, die Routine hinter sich zu lassen, Neues zu lernen und etwas zu tun, das sie für sinnvoller hielt. Immer schon hatte sie davon geträumt, als Hebamme zu arbeiten, befürchtete jedoch, in ihrem Alter keine Stelle mehr zu finden. Eine Freundin stellte für sie den Kontakt zum Leiter eines Ausbildungsinstituts her. Im Gespräch mit ihm konnte die Zahntechnikerin ihre Vorstellung vom Hebammenberuf überprüfen und gewann außerdem genaue Einsicht in die Ausbildungserfordernisse. Der Institutsleiter konnte ihre Bedenken, in ihrem Alter keine Stelle mehr zu bekommen, zerstreuen, riet ihr jedoch, so schnell wie möglich nach einem Ausbildungsplatz zu suchen. Die Zahntechnikerin begann sich zu bewerben. Schon im Gespräch mit dem Ausbildungsleiter hatte sie ihr Argument getestet, als Frau jenseits der Familienphase für Verlässlichkeit zu stehen. Es funktionierte: Sie bekam einen Ausbildungsplatz. Mit einiger Anstrengung und der Hilfe von Unterstützern erreichte sie, dass ihre Ausbildung finanziell gefördert wurde. Auch die Lernsituation mit z. T. sehr viel jüngeren Ausbilderinnen meisterte sie. Seit zehn Jahren ist die ehemalige Zahntechnikerin nun selbstständige Hebamme. Sie hat mit Kolleginnen einen Verein gegründet, der ein Geburtshaus betreibt. Sie liebt ihren Beruf und geht immer noch „jeden Tag gern zur Arbeit", auch wenn die regelmäßigen Bereitschaftsdienste ihre Freizeit sehr einschränken.

Ergebnisorientiert vorgehen
Menschen, die einen „beruflichen Neubau" planen, richten ihren Fokus ganz auf den angestrebten Beruf bzw. auf die gewünschte Tätigkeit und haben eine Vorstellung davon, wie es sein wird, z. B. als Hebamme oder

im Vertrieb zu arbeiten. Um den angestrebten Beruf, die gewünschte Tätigkeit in Zukunft ausüben zu können, wenden sie Mittel, d. h. vor allem Zeit und Geld auf. Sie setzen gewissermaßen alles auf eine Karte, weil das Ziel es ihnen wert ist. Und ihre Vision davon, wie es sein wird, in dem gewünschten Berufsfeld tätig zu sein, gibt ihnen die nötige Ausdauer für den Weg dorthin und die Energie, mit Hindernissen und Rückschlägen umzugehen (Kap. 10).

> **Das Wagnis eines beruflichen „Neubaus" besteht darin, dass**

1. die Zahl der möglichen Optionen nahezu unendlich ist. Sie brauchen also ein ganz klares Ziel (Kap. 2);
2. Sie noch einmal eine Ausbildung absolvieren, d. h., noch einmal „ganz von vorn beginnen" und sich in eine Lernsituation begeben müssen, die für Berufseinsteiger konzipiert ist und in der Ihre bisherigen beruflichen Erfahrungen kaum zum Tragen kommen;

3. die ggf. erforderliche Fortbildung, der Erwerb von Kenntnissen, von Abschlüssen, die Ihnen jetzt noch fehlen, Zeit braucht – die müssen Sie sich nehmen und ggf. auch eine Zeit ohne Einkommen einplanen;
4. sich aus dem neu erworbenen Abschluss nicht automatisch bessere Chancen für einen Einstieg in den gewünschten Beruf ergeben – ob Sie die angestrebte Stelle finden, steht auf einem ganz anderen Blatt;
5. möglicherweise, wenn die Stelle gefunden ist, ganz andere Fähigkeiten vonnöten sind als zunächst angenommen bzw. von außen erkennbar (Kap. 11);
6. ein neuer Beruf, eine andere Tätigkeit mit einer neuen beruflichen Identität verbunden ist. Es kann einige Zeit und Erfahrung brauchen, bis Sie diese neue berufliche Identität aufgebaut haben.

Viele der genannten Punkte lassen sich durch eine gründliche Recherche und Gespräche, z. B. mit Menschen, die den Beruf, den Sie anstreben, bereits ausüben, vorab klären. Nutzen Sie alle Ihre Kontakte dazu (Kap. 9), und seien Sie hartnäckig. Ihr Ziel, das, was Sie für wert erachten, was Sie tun wollen, *und* die Bereitschaft zu lernen werden Sie beflügeln. „Sehnsuchtsziele" (Schmidt 2016) entfalten eine große Kraft, die uns auch Hindernisse und Rückschläge überwinden lässt (Kap. 10).

7.2 Wenn Sie beruflich „anbauen" wollen

Wer sich beruflich neu orientieren will, ohne noch einmal ganz von vorn beginnen und eine Ausbildung oder gar ein Studium absolvieren zu müssen, der wird – mit seinem Ziel im Hinterkopf – zunächst seine bisherige Laufbahn nach möglichen Anschlusspunkten durchforsten. Auch mit einem „Anbau" kann man in einen anderen Beruf, in eine andere Branche wechseln. Dazu ist jedoch meistens ein Zwischenschritt nötig.

Zwei Beispiele
Ein Krankenpfleger, der seit vielen Jahren in derselben Klinik arbeitete und in seinem Beruf zunehmend unzufrieden war, bewarb sich in einer anderen Klinik um eine Stelle in der Abteilung Öffentlichkeitsarbeit. Er bekam den Job, da er überzeugend darlegen konnte, dass er mit dem Betrieb einer Klinik und der Sprache der Branche bestens vertraut war. Erste Kenntnisse in Sachen Texterstellung für

Presseveröffentlichungen, Werbekampagnen und Webseiten hatte er sich in Fortbildungen während seiner Freizeit angeeignet. Er kam mit dem neuen Arbeitgeber überein, die noch fehlenden Qualifikationen im Rahmen von Weiterbildungen parallel zu seiner Arbeit zu erwerben. Nach mehreren Jahren Tätigkeit übernahm er die Leitung der Abteilung.

Eine selbstständige Friseurin, die viele Jahre erfolgreich ihr eigenes Geschäft geführt hatte, wünschte sich mit Ende 40 mehr Sicherheit und eine Festanstellung. Beim Besuch einer Fachmesse gelang es ihr, Kontakt zu einer Firma aus der Kosmetikbranche zu knüpfen. Sie stellte ihr Ziel vor, schilderte ihren Werdegang und erfuhr, dass die Firma regelmäßig firmeninterne Schulungen für Vertriebsmitarbeiter durchführte. Sie bewarb sich um einen Platz und erhielt eine Zusage. Heute ist sie als Vertriebsmitarbeiterin in dieser Firma angestellt.

Das Fundament erhalten
Wenn Sie „anbauen", bewahren Sie sich einen Großteil Ihrer beruflichen Wurzeln. Das hat den Vorteil, dass Sie vieles von dem, was Sie bis dahin an Berufserfahrung erworben haben, weiterhin nutzen können. Im Fall des Krankenpflegers war das seine Erfahrung im Klinikbetrieb, im Fall der Friseurin die Kenntnis der Kosmetikbranche. Ihr Wissen um branchenspezifische Gepflogenheiten, Erwartungen von Kunden oder Klienten und Besonderheiten in der Organisation, Ihre Fachkenntnisse – all das wird weiterhin gebraucht. Nach einigen Jahren

Berufserfahrung in der neuen Tätigkeit lassen sich diese Kenntnisse und Erfahrungen dann auch in einer anderen Branche nutzen: Der ehemalige Krankenpfleger, der jetzt Öffentlichkeitsarbeit für eine Klinik macht, könnte diese Tätigkeit künftig auch in anderen Branchen als der Gesundheitsbranche ausüben, die ehemalige Friseurin Vertriebsaufgaben in anderen als der Kosmetikbranche übernehmen.

Wer sich beruflich verändern will, hat also grundsätzlich zwei Möglichkeiten: Er kann (1) seine jetzige Tätigkeit in einer anderen Branche ausüben oder (2) eine andere Tätigkeit in der jetzigen Branche. Anders ausgedrückt: Für Ihren beruflichen Anbau haben Sie zwei verschiedene „Anschlusspunkte" – Ihre Tätigkeit und die Branche, in der Sie tätig sind. Der Logistiker im folgenden Beispiel übt die Tätigkeit, in der er viel Erfahrung hat, jetzt in einer Branche aus, die neu für ihn ist.

Ein Beispiel
Ein Logistiker, der ein europäisches Distributionszentrum mit aufgebaut und langjährige Erfahrung u. a. in der Überwachung von Arbeitsprozessen hatte, bewarb sich bei einem Verlagskonzern. Von einem Bekannten hatte er erfahren, dass dort die Auslagerung des Kunden- und Abonnentenservices an einen externen Dienstleister geplant war. Im Bewerbungsgespräch schilderte er detailliert, worin seine bisherige Tätigkeit als Logistiker bestanden hatte. Er konnte überzeugend darlegen, dass seine Praxiserfahrung perfekt passte – und bekam die Stelle.

Gute Recherche
Das Beispiel macht deutlich: Um anbauen zu können, müssen wir das Tätigkeitsprofil des angestrebten Jobs (oder aber die Branche, in die wir wechseln wollen) genau recherchiert haben. Wir brauchen detaillierte Kenntnisse, z. B. aus ausführlichen Gesprächen mit „Insidern", um mögliche Anschlusspunkte erkennen zu können. Nach dem gelungenen Anbau, d. h. dann, wenn wir in der neuen Tätigkeit (oder der neuen Branche) Erfahrung gesammelt haben und uns auskennen, können wir von da aus weiter anbauen. Am Ende gelangen wir vielleicht – gemessen an unserer Ausgangssituation – zu einer anderen Tätigkeit in einer anderen Branche. Wer das plant und, am Ziel angekommen, eine seiner Startposition vergleichbare Position erreicht haben will, der braucht ein starkes Ziel, Zeit, Geduld und eine ausgeprägte Lernbereitschaft und sollte damit rechnen, dass ggf. mehr als eine Einarbeitungsphase einzukalkulieren ist.

7.3 Parallel umbauen

Mancher Seminarteilnehmer entscheidet sich, den jetzigen Job, in dem er oder sie umfangreiche Erfahrungen und viel Routine besitzt, fortzuführen, aber die Arbeitszeit zu reduzieren und die gewonnene Zeit dafür zu verwenden, neue Kenntnisse für das angestrebte neue Berufsfeld zu erwerben, neue Kontakte zu knüpfen und praktische Erfahrungen zu sammeln.

Ein Beispiel
Eine 47-jährige Führungskraft war nach vielen Jahren Tätigkeit in der Medienbranche mehr und mehr unzufrieden. Sie war erfolgreich, vermisste aber zunehmend ihre frühere kreative Arbeit. Ihre Kinder waren inzwischen aus dem Haus. Sie entschloss sich, ihre Führungsposition aufzugeben und zunächst zu ihrer früheren Tätigkeit zurückzukehren. Sie wechselte in eine redaktionelle Abteilung des Unternehmens. Das bedeutete für sie eine finanzielle Einbuße. Was sie gewann, war jedoch eine klar geregelte Arbeitszeit, und sie hatte jetzt weniger Verantwortung. Die auf diese Weise frei gewordene Energie und Zeit nutzte sie für eine berufsbegleitende Fortbildung. Was sie als „unendlich wertvolle Inspiration" empfand, gab ihr die Kraft, die sie brauchte, um auf lange Sicht ihrem Wunschziel, wieder mehr künstlerisch gestaltend zu arbeiten, näher zu kommen.

Das Wagnis eines Umbaus
Ein Schritt-für-Schritt-Umbau bei „laufendem Betrieb" braucht Geduld. Es kann einige Jahre dauern, bis wir in dem angestrebten Job, der gewünschten Branche angekommen sind. Gut möglich, dass wir vorübergehend oder auch für längere Zeit zwei Berufe haben. Gut möglich, dass ein berufliches Patchwork entsteht: Den bisherigen Beruf haben wir zurückgefahren, doch was den angestrebten betrifft, befinden wir uns noch in der Aufbauphase. Wir sammeln noch Erfahrung, erwerben erst Schritt für Schritt die erforderliche Expertise und die neue

berufliche Identität. Wer sich für diesen Weg entscheidet, der braucht ein Ziel, das ihn zieht, und einen eigenen inneren Maßstab für das, was für ihn persönlich „Erfolg" ist. Warum ist das wichtig? Angenommen, Sie entscheiden sich, auf Ihrer jetzigen Stelle Ihre Arbeitszeit zu reduzieren, um Raum und Zeit zu haben, etwas Neues zu entwickeln, etwa eine umfangreiche Fortbildung parallel zum Beruf zu besuchen, dann müssen Sie u. U. damit rechnen, dass die Reduzierung der Arbeitsstunden von Ihren Vorgesetzten als Signal aufgefasst wird, dass Sie für Karriereschritte im Unternehmen nicht mehr zur Verfügung stehen. Wer so vorgeht, der weiß, *wofür* er das tut, kennt seine Werte und sieht sein Ziel sehr klar. Das schließt auch die Bereitschaft ein, finanzielle Einbußen in Kauf zu nehmen. Doch wir tun dies in begrenztem Umfang, den wir selbst steuern. Der Weg braucht Zeit. Wie viel, das ist vorab meistens schwer zu sagen.

Tipp
Auch wenn der Weg zum angestrebten Ziel weit ist und über mehrere Jahre viel von unserer Zeit in Anspruch nehmen kann – wichtig ist: Das, was wir beibehalten, d. h. einstweilen oder auch dauerhaft weiterführen, sollten wir wertschätzen. Sei es, weil es uns schon lange ernährt, sei es, weil wir selbst und andere unsere Expertise schätzen. Machen Sie sich klar, was Sie an Ihrem jetzigen Beruf, an Ihrer jetzigen Stelle wertschätzen. Das ist die Voraussetzung, um mit Ihrem Ziel „gemütlich" unterwegs sein zu können und nicht immer nur den erwarteten Ertrag in der Zukunft zu fixieren.

Ideen für Um- und Anbaumöglichkeiten lassen sich beispielsweise finden, indem Sie Ihre beruflichen Stationen und Ihre bisherigen Tätigkeiten nach möglichen „Anschlusspunkten" durchforsten. Die folgende Übung zeigt, wie Sie dabei vorgehen können.

> **Übung**
>
> Nehmen Sie Ihren Bogen aus der Übung in Abschn. 6.3 noch einmal hervor. Jetzt geht es darum, Ihr Ziel zu ergänzen. Notieren Sie es unten auf dem Bogen. Wenn nicht mehr genug Platz unter Ihrer Tabelle ist, kleben Sie ein Stück Papier an, das mindestens 20 cm lang ist. Warum ist das wichtig? Zum einen signalisiert der Abstand, dass eine Reihe von Schritten notwendig ist, um ans Ziel zu gelangen. Zum anderen brauchen Sie den Platz später, um Ideen für nächste Schritte einzutragen (ich komme darauf in Abschn. 8.3 zurück). Heben Sie Ihr Ziel optisch hervor, indem Sie es farbig markieren oder auf einen farbigen Haftzettel schreiben und ihn aufkleben. Entscheiden Sie, ob Sie Ihr Ziel mittig oder unter einer der drei Rubriken („Geld verdienen/Sicherheit", „Interesse" oder „Leidenschaft") platzieren wollen. Dann gehen Sie Ihre beruflichen Stationen und Tätigkeiten noch einmal durch und suchen nach potenziellen „Anschlusspunkten" für Ihr Ziel.
>
> Überlegen Sie: Welche Ihrer bisherigen beruflichen Stationen und Tätigkeiten haben etwas mit Ihrem Ziel zu tun? Wo ist eine Verbindung denkbar? Kreisen Sie diese ein (Abb. 7.1), oder markieren Sie sie farbig. Vielleicht wollen Sie dann jemanden, dem Sie vertrauen, einladen, einen „fremden Blick" darauf zu werfen – für weitere Ideen oder um das, was Sie gefunden haben, zu besprechen.

JAHR	GELD VERDIENEN SICHERHEIT	TÄTIGKEITEN INTERESSE	LEIDENSCHAFT
1987		AG RELIGION/ETHIK	THEATER AG
1988	ABITUR		WORK + TRAVEL OSTEUROPA
↓			
1991	STUDIUM BETRIEBSWIRTSCHAFT		
1993	PRAKTIKUM BANK	PRAKTIKUM BUDAPEST	PRAKTIKUM KFW ENTWICKLUNGSHILFE
1994	DIPLOMARBEIT (FINANZIERUNG ENTWICKLUNGSHILFE)		
1995	PRAKTIKUM HANDWERKSKAMMER		
1996	HANDWERKSKAMMER		
1998	STELLV. GESCHÄFTS- BEREICHSLEITUNG		ZIEL

Abb. 7.1 Übung: Anschlusspunkte finden

7.4 Fazit und Ausblick

Wenn Sie mit einem klaren Ziel gestartet sind, ob in Richtung beruflicher Neubau oder An-/Umbau, sind Sie jetzt gut unterwegs. Und wenn Sie weder das eine noch das andere für Ihre Berufs- und Lebenssituation als passend empfinden? Sollte keiner dieser Ansätze für Sie infrage kommen, dann erlauben Sie sich, außerhalb dieser Alternativen nach dem für Sie stimmigen Weg zu suchen, denn das Denken in Gegensätzen birgt immer die Gefahr, unsere Kreativität bei der Suche nach Lösungen einzuschränken. Wer sich nicht *dem einen Ziel* verschreiben mag, dem gefällt vielleicht die Idee, sich auf das zu konzentrieren, was jetzt sofort machbar ist, und von da aus mit der beruflichen Veränderung zu starten. Entdecken Sie in Kap. 8 Schritt für Schritt, wie das gehen könnte.

Literatur

Schmidt, G. (2016). *Einführung in die hypnosystemische Therapie und Beratung* (7. Aufl.). Heidelberg: Carl-Auer.

8

Wenn das Risiko überschaubar bleiben soll

Was Sie in diesem Kapitel erwartet
Ich treffe oft Seminarteilnehmer, die im Verlauf ihrer Recherche im Zusammenhang mit der beruflichen Neuorientierung herausfinden, dass eine Altersgrenze ihnen den Zugang zum Traumberuf „verbaut". Anderen setzt ihre aktuelle Lebenssituation Grenzen, und wieder andere wollen das, was sie erreicht haben, nicht aufs Spiel setzen oder mit Blick auf die noch vor ihnen liegenden Berufsjahre nicht alles auf eine Karte setzen. Mancher empfindet auch den Druck, jetzt das eine „richtige" Ziel formulieren und setzen zu sollen, mit dem vielleicht auch noch unbedingt ein bestimmtes Ergebnis erreicht werden muss, als Stress. Wer eine berufliche Veränderung anstrebt, das Risiko dabei aber überschaubar halten will, mag die stete Orientierung am Machbaren in Betracht ziehen. Welche Vorteile das hat und wie das gehen kann, davon handelt dieses Kapitel.

Gelegenheiten (er)schaffen

Wenn Sie eine berufliche Veränderung anstreben und zugleich Ihr Risiko überschaubar halten möchten, dann sollten Sie eine Vorgehensweise in Betracht ziehen, bei der Ihr Fokus auf das gerichtet ist, was (1) jetzt sofort und mit den Mitteln, die Ihnen zur Verfügung stehen, machbar ist und (2) in Richtung Ihrer Vision liegt. Was heißt das? Es heißt, dass Sie entscheiden, was Sie *jetzt* einsetzen können und was Sie ggf. auch zu verlieren bereit sind. Der Gedanke dahinter ist, dass nicht (nur) „da draußen" Chancen und Gelegenheiten existieren, nach denen Sie suchen müssen, sondern dass Sie selbst diese Chancen und

Gelegenheit erschaffen, gemeinsam mit anderen (dazu mehr in Kap. 9). Ihr Fokus ist also auf die Gegenwart gerichtet: auf das, was jetzt *ist*, und das, was jetzt sofort *möglich ist*.

8.1 Werfen Sie einen wertschätzenden Blick auf Ihren bisherigen Berufsweg

Voraussetzung für diese Option ist, dass Sie in Ihrer bisherigen beruflichen Entwicklung oder in Ihrer aktuellen Situation mindestens *auch* Wertvolles entdecken, denn wer das verständliche Bestreben hat, eine aktuell unbefriedigende Situation so schnell wie möglich zu verlassen, dem stehen für die Entwicklung einer beruflichen Zukunftsperspektive kaum all seine Kräfte zur Verfügung. Wenn Ihre Aufmerksamkeit sich auf das konzentriert, was Sie beruflich *nicht mehr* machen wollen und was sich ändern soll, übersehen Sie leicht das Wertvolle und Geschätzte. Darauf aber lässt sich aufbauen, daran können Sie anknüpfen. Einen wertschätzenden Blick auf Eigenes können wir bewusst entwickeln und stärken. Wer mag, findet in Kap. 3 dazu eine unterstützende Übung. Mit diesem wertschätzenden Blick machen wir uns unsere Ressourcen – unsere Fähigkeiten, unser Wissen und auch unsere Kontakte (dazu mehr in Kap. 9) – bewusst. All dies brauchen wir für die berufliche Umorientierung. Das ist die Basis, auf der wir aufbauen.

> **Tipp**
> Gerade dann, wenn der Berufsalltag vollgepackt ist, wir in Routinen gefangen sind, gilt: Wer sich seine Kräfte bewusst macht und sie gewissermaßen um sich versammelt, kann sich auf diese Weise auch ein Stück Distanz verschaffen. Aus der Distanz heraus gewinnen wir den Überblick und können ganz bewusst wieder eine steuernde Position einnehmen.

8.2 Orientieren Sie sich am jetzt Machbaren

Sich am jetzt Machbaren zu orientieren heißt, den Blick statt in die Ferne auf das zu richten, was vor einem liegt – auf das Naheliegende.

» Sich auf jetzt Machbares zu konzentrieren empfiehlt sich vor allem dann,

- wenn Sie familiäre Verantwortung für andere tragen und nicht alles auf eine Karte setzen wollen,
- wenn Sie bisher Erreichtes (jetzt) nicht aufs Spiel setzen wollen,

8 Wenn das Risiko überschaubar bleiben soll

- wenn Ihnen der Zugang zu einem Beruf aufgrund von Altersbeschränkungen oder anderer formaler Voraussetzungen nicht mehr ohne Weiteres möglich ist,
- wenn Sie eine Vision haben, von der Sie nicht sicher sind, dass die zur Verfügung stehenden Jahre ausreichen, um sie vollständig zu realisieren,
- wenn Sie in Ihrem bisherigen Berufsleben ganz unterschiedliche Arbeitsbedingungen kennengelernt und vielleicht auch biografische Brüche erlebt haben und jetzt nach stimmigen, überschaubaren Schritten suchen, um Ihre Handlungsspielräume zu erweitern und etwas zu verändern.

Auch mit der Orientierung am jetzt Machbaren können Sie langfristig an das Ziel gelangen, das Sie anstreben. Doch diese Vorgehensweise sorgt dafür, dass Sie entspannter unterwegs sind. Achten Sie dabei auch auf Rückmeldungen

Ihres Körpers, der vielleicht ab und zu kleinere Schritte, Abgrenzung und Geduld fordert. Körpersignale und die Gefühle, die diese begleiten, benötigen wir, wenn wir Entscheidungen treffen wollen, die zu mehr Zufriedenheit im Beruf führen (Storch 2011). Aus der Perspektive unseres Körpers mag ein Karriereschritt, der überzeugend und folgerichtig klingt, nicht ratsam sein. Mit den Signalen des Körpers lassen sich individuell stimmige, kreative Schritte finden, die bei einer rationalen Vorgehensweise, bei der unsere Aufmerksamkeit ganz auf das angestrebte Ergebnis gerichtet ist, kaum eine Chance hätten.

Wer bei einer beruflichen Veränderung den Fokus auf das Machbare richtet, der findet – mit einiger Übung – schnell heraus, was geht. Diese Vorgehensweise erlaubt häufigere und raschere Erfahrungen von Selbstwirksamkeit und nimmt den Druck, den „der eine große Schritt" entfalten kann, den mancher mit Blick auf die begrenzte Zahl der noch vor ihm liegenden Berufsjahre vielleicht als „letzte Chance" ansieht (in Kap. 12 gehe ich ausführlicher darauf ein).

In meinen Seminaren erlebe ich häufig, dass Teilnehmer sich ein anspruchsvolles berufliches Ziel setzen und dann die Erwartung haben, es „genau so" und dazu „möglichst ganz schnell" erreichen zu müssen. Wenn das nicht klappt, gerät mancher in Gefahr, sich mit immer mehr Mitteln auszustatten, also z. B. noch mehr Fortbildungen zu besuchen. Die Haltung dahinter ist: „Ich muss mich mehr anstrengen" und „Wenn ich gut bin, dann wird es auch klappen". Dabei gerät aus dem Blick, dass wir zwar unser Bestes geben können, um unser Ziel zu erreichen, dass der Ausgang aber von vielen verschiedenen Faktoren abhängt (Kap. 2). Gelassener sind wir unterwegs, wenn unser Blick immer nur auf den unmittelbar nächsten Schritt gerichtet ist.

Machbares oder „das Richtige"?
Es scheint, als gebe es Menschen, die rasch und sicher entscheiden können, während andere sich schwertun. Solche Typisierungen sind jedoch wenig hilfreich und bilden die Wirklichkeit auch nicht ab. Wer vor der Entscheidung steht, alles auf eine Karte zu setzen – z. B. für einen neuen Beruf – dem mag diese Entscheidung schwerfallen. Und wer dann vielleicht zusätzlich den Anspruch an sich hat, die *richtige* Entscheidung zu treffen, dem mag es noch schwerer werden; vor allem dann, wenn unter „richtig" verstanden wird, dass das Angestrebte am Ende auch wirklich herauskommt und dass er oder sie dann „Ruhe" hat – nicht nur für jetzt, sondern auch künftig. Da ist es menschlich und sehr verständlich, wenn die Entscheidung schwerfällt, nicht wahr? Manche meiner Seminarteilnehmer und Coachees befürchten zudem, bei der Suche nach dem „richtigen" neuen Beruf gravierende Fehler zu machen. So ein Ziel entfaltet lähmende statt der gewünschten aktivierenden Wirkung. Kleinere Schritte erlauben mehr Flexibilität. Wir können mit ihnen häufiger die Erfahrung machen, etwas bewirkt, etwas erreicht zu haben.

> **Tipp**
> Erlauben Sie sich, dass das, was Sie unternehmen, auch schiefgehen darf. Machen Sie sich klar: Sie geben Ihr Bestes, doch wie die Sache ausgeht, ist von vielen Faktoren abhängig. Fragen Sie sich, was Sie im schlimmsten Fall verlieren könnten. Ist es Ihnen das wert? Wofür ist es das wert?

Schrittweise vorgehen
Bei der Orientierung am jetzt Machbaren gehen Sie in kleinen Schritten vor. Aber: Kleine Schritte im Tun können ggf. große Unterschiede im Erleben machen! Sie machen also einen Schritt. Dann prüfen Sie, was sich von da aus – aus dieser leicht veränderten Perspektive – ergibt, und überlegen, worin ein nächster machbarer Schritt bestehen könnte. So bleibt die Gegenwart immer wertgeschätzt. Unsere Orientierung ist nicht auf einen fernen Punkt gerichtet, und es geht auch nicht darum, uns möglichst schnell von da wegzubewegen, wo wir jetzt sind. Wer nämlich bestrebt ist, schnell ans Ziel zu kommen, der läuft Gefahr, das Gespür für das, was für ihn persönlich stimmig ist, zu verlieren. Schrittweise vorgehen heißt, entspannt agieren und flexibel reagieren auf Möglichkeiten, die sich *aus der Situation* ergeben – auch auf Unfälle und Zufälle, denn auch die bergen Potenzial.

Ein Beispiel
Eine ehemalige Fremdsprachensekretärin gelangte mit Mitte 50, viele Jahre nach ihrem erfolgreichen Wiedereinstieg in den Beruf, zu der Erkenntnis, dass sie ihre Tätigkeit als Assistentin in einem Fachbereich der Universität,

die ihr zwar viel Freiheit erlaubte, jedoch auch einen hohen Anteil Routine beinhaltete, auf keinen Fall würde bis zur Rente ausüben wollen. Zunächst nutzte sie jede Möglichkeit der internen Fortbildung. Sie belegte Kurse zu ganz unterschiedlichen Themen. Schritt für Schritt wurde ihr klar, was sie interessierte und was sie sich im Idealfall für ihre künftige Tätigkeit wünschte, nämlich: mit Kollegen zusammenzuarbeiten, sich inhaltlich-fachliche Kompetenzen anzueignen und diese in der Beratung von Kunden/Klienten einzusetzen. Da sie sich gut vorstellen konnte, mit alten Menschen zu arbeiten, recherchierte sie die Bedingungen für eine entsprechende Tätigkeit (z. B. in der Beratung zum betreuten Wohnen). Ihre Recherchen und Gespräche ergaben jedoch, dass sie ohne ein Studium, z. B. der Sozialpädagogik, kaum eine Chance haben würde, auf einem Qualifikationsniveau zu arbeiten, das ihrer jetzigen Tätigkeit entsprach. Schweren Herzens verabschiedete sie sich von ihrem Wunsch. Einige Zeit später hatte sie die Idee, sämtliche Abteilungen der Universität, an der sie arbeitete, daraufhin zu überprüfen, ob es irgendwo eine Stelle oder Tätigkeit gab, die sie interessierte. In diesem Kontext hatte sie auch Kontakt zu Mitarbeitern der studentischen Auslandsabteilung. Interessierte Nachfragen und die Einblicke, die sie im Verlauf der Gespräche in dieser Abteilung gewann, ließen bei ihr die Erkenntnis reifen, dass genau das ihr Traumjob war: Dort arbeiteten mehrere Kollegen in einem Team zusammen, jeder war spezialisiert auf eine Zielgruppe, ein großer Teil der Arbeit bestand in der Beratung von Studierenden, und die Tätigkeit erforderte Fremdsprachenkenntnisse. Ein halbes Jahr später wurde genau in dieser Abteilung eine

Sachbearbeiterstelle frei. Die Fremdsprachensekretärin bewarb sich und wurde nicht zuletzt aufgrund ihrer vielen Erfahrungen im Universitätsbetrieb sofort genommen.

8.3 So finden Sie Ansatzpunkte für nächste Schritte

Wer nach Ideen und Ansatzpunkten für Machbares, für nächste Schritte sucht, mag sich eingeladen fühlen, die folgende Übung für sich zu nutzen.

> **Übung**
>
> Nehmen Sie Ihren Bogen aus der Übung in Abschn. 6.3 bzw. Abschn. 7.3 noch einmal hervor. Unten steht Ihr Ziel, farbig hervorgehoben. Steht das Ziel in der Mitte des Bogens, oder haben Sie es einer der drei Rubriken („Geld verdienen/Sicherheit", „Interesse", „Leidenschaft") zugeordnet? Das wäre z. B. der Fall, wenn Sie künftig mehr „Interesse" oder „Leidenschaft" oder auch mehr „Geld verdienen" und mehr „Sicherheit" anstreben. Und Sie haben die beruflichen Stationen markiert, die eine Verbindung zu Ihrem Ziel haben. Jetzt nehmen Sie Ihre berufliche Kontur (s. die Übung in Abschn. 6.6) dazu und übertragen alles in die rechte Spalte, die Sie bisher frei gelassen haben. Nun geht es darum, herauszufinden, was davon sich für Ihr Ziel nutzen lässt. Die folgenden Fragen können Ihnen helfen, das herauszufinden:
>
> - Welche Ihrer Fähigkeiten hat mit Ihrem Ziel zu tun?
> - Welche der Branchen, in denen Sie gearbeitet haben, hat mit dem Ziel zu tun?
> - Gibt es Wissensbereiche, in denen Sie sich gut auskennen und die etwas mit dem Ziel zu tun haben?

> Ziehen Sie von allem, was sich nutzen lässt, jeweils einen langen Pfeil zu Ihrem Ziel – so, dass er in Richtung Ziel weist, aber ein Stück vorher endet (Abb. 8.1). Und als Nächstes überlegen Sie:
>
> - Was fehlt mir, um das Ziel erreichen zu können?
> - Was brauche ich an finanziellen Mitteln?
> - Welche Hindernisse sind evtl. zu überwinden?
>
> Notieren Sie das, was Ihnen einfällt, in dem Raum zwischen der Pfeilspitze und Ihrem Ziel (Abb. 8.1). Gut möglich, dass Ihnen einiges einfällt, was Sie sofort tun können. Notieren Sie das. Sollten Ihnen in den nächsten Tagen noch weitere Dinge einfallen, ergänzen Sie sie. Vielleicht möchten Sie das Ergebnis mit jemandem, dem Sie vertrauen, besprechen? Mit wem könnten Sie sich über Ihre Ideen austauschen?

Wie können Sie weiter vorgehen?
Wenn Sie Ideen für Schritte haben, die Sie sofort tun können, um eine Veränderung im Beruf herbeizuführen und dem eigenen Ziel näherzukommen, beginnen Sie mit dem Schritt, der Ihnen spontan einfällt oder der sich in der nächstbesten Situation anbietet. Es ist nicht wichtig, womit Sie starten. Möglicherweise haben Sie etwas schon länger im Kopf – jetzt tun Sie es, da, wo es sich ergibt. Vielleicht fallen Ihnen auch später noch Schritte ein, die nicht unbedingt zu Ihrem vertrauten Verhaltensrepertoire gehören, die ein bisschen herausfordernd sind. Für diesen Fall lautet meine Einladung, sich zu fragen:

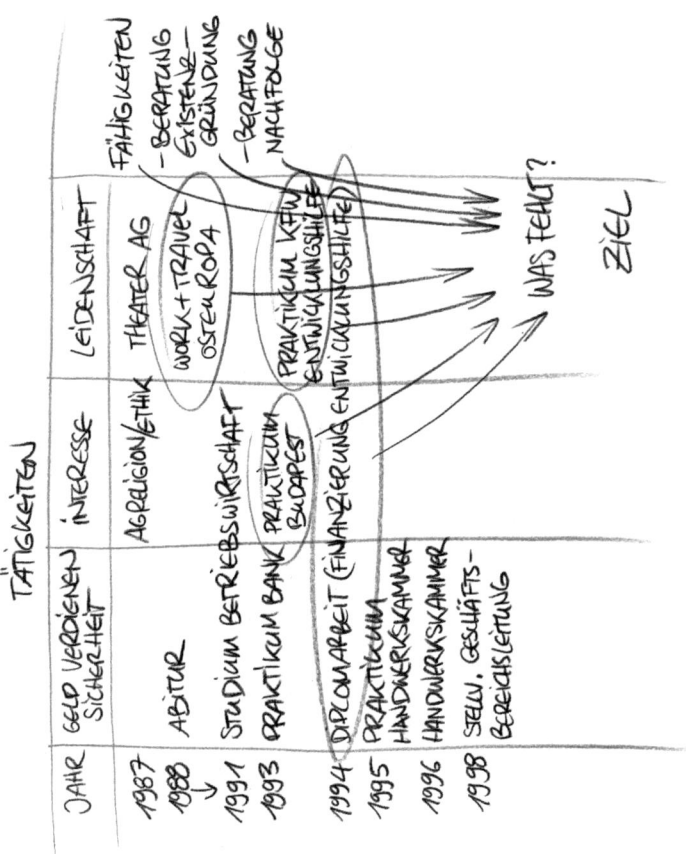

Abb. 8.1 Übung: Was lässt sich nutzen? Was fehlt noch?

- Was muss ich einsetzen, um diesen Schritt zu tun?
- Ist das für mich tragbar?
- Was könnte ich schlimmstenfalls verlieren bei diesem Schritt?

Seien Sie genau. Denn erst *beim Tun* wird klar, ob unser Schritt Möglichkeiten eröffnet oder Grenzen zeigt, sich vielleicht gar als Sackgasse erweist. Woran Sie sich orientieren, ist:

- Ist es mir wichtig?
- Was ist es mir wert?

Die Haltung, die Sie dabei einnehmen, ist eine, die konzediert, dass wir letztlich nie vorher wissen, welchen Ertrag uns der eingeschlagene Weg, der nächste Schritt bringt. Auf Ihrem Weg können Sie gleichsam in der Bewegung entscheiden, ggf. auch mehr eigene Mittel zu mobilisieren, also z. B. mehr von Ihrer Zeit zu investieren.

Ein Beispiel
Die ehemalige Fremdsprachensekretärin aus dem Beispiel oben stellte bei ihrer neuen Tätigkeit als Sachbearbeiterin bald fest, dass sich in der Einarbeitungsphase mit dem bisher eingeplanten Stundenkontingent nur langsam Fortschritte machen ließen. Sie besprach sich mit ihrer Familie. Dann machte sie ihrem Chef den Vorschlag, für die Zeit der Einarbeitung auf eine Vollzeitstelle aufzustocken. Nach etwa einem Jahr konnte sie das in Zyklen anfallende Arbeitsaufkommen und den Aufwand regelmäßig erforderlicher Fortbildungen einschätzen und eine 60-Prozent-Stelle vereinbaren.

Wichtig: das Ziel klar haben
Um so vorgehen zu können, brauchen Sie Klarheit über Ihr Ziel, über das, was Ihnen im Leben wichtig ist (Kap. 4

und Kap. 5). Und auf dieser Basis stellen Sie sich die Frage: Was kann ich mit meinen Fähigkeiten, meinem Wissen und meinen Kontakten und im Einklang mit dem, was mir im Leben wichtig ist, als Nächstes tun? Und was vielleicht darüber hinaus? Ihre Laufbahn folgt nicht einem (gedanklichen) Muster, sondern entsteht gewissermaßen im Laufen. Und was dabei „Erfolg" ist, das definieren Sie nach Ihrem inneren Maßstab.

Ein Beispiel
Eine angehende Juristin, die ihr Studium vor Beendigung des ersten Abschnitts aus familiären Gründen unterbrochen hatte, sah erst viele Jahre später für sich eine realistische Möglichkeit, das Studium noch einmal aufzunehmen und ihren Abschluss zu machen. Ihre Recherche ergab jedoch, dass ihr von den bereits abgelegten Prüfungen nur wenige anerkannt würden. Während der Familienphase war sie regelmäßig freiberuflich für das Lektorat eines Verlags tätig gewesen. Dort wurde zu der Zeit eine Onlineredaktion aufgebaut. Die Frau – damals 45 Jahre alt – schrieb sich für einen Bachelorstudiengang ein, der sie in zwei Jahren entsprechend qualifizieren würde. Auf die Praktika während des Studiums folgten rasch einige Aufträge, die die angehende Onlineredakteurin freiberuflich übernahm. Wegen ihres hervorragenden Abschlusses wurde sie ermutigt, weiter zu studieren und einen Masterstudiengang „Medienrecht" anzuschließen. Schon kurz nach Aufnahme des Masterstudiums übernahm sie als Lehrbeauftragte für Bachelorstudierende Aufgaben im Fachbereich. Heute arbeitet sie

als wissenschaftliche Mitarbeiterin mit dem Schwerpunkt Medienrecht – eine Tätigkeit, die sie nicht zuletzt aufgrund ihrer umfassenden juristischen Kenntnisse aus dem Erststudium als perfekt passend für sich empfindet.

8.4 Wonach sehnen Sie sich eigentlich?

Nun könnte es sein, dass Ihnen dieses Plädoyer für eine Orientierung auf das Machbare rational zwar stimmig erscheint, Sie diese aber nicht als erstrebenswert für sich erachten. Gemessen an Ihrer Vision ist es „ja eigentlich nur das Zweitbeste". Sie denken, Sie würden damit sozusagen „kleine Brötchen backen", obwohl die „wahre Kraft" doch in der „großen Vision" liegt? Das ist verständlich.

Sie sollen Ihre Vision auch nicht aufgeben. Ich möchte Sie vielmehr dafür gewinnen, *beides* zu nutzen: sich im Tun auf das jetzt Machbare zu konzentrieren *und* Ihr Sehnsuchtsziel, Ihre Vision zu behalten, sie mit Wertschätzung da sein zu lassen. Das macht es leichter, einen Plan B in Betracht zu ziehen. Unser Plan A, unser „Sehnsuchtsziel", wird nicht aufgegeben, doch wenn wir uns mit Alternativen auf den Weg machen, erhöhen wir unsere Chancen, Selbstwirksamkeitserfahrungen zu machen. Diese spornen uns an, stärken unsere Motivation – und das wiederum hat Auswirkungen auf unser weiteres Vorgehen. Auf diese Weise ziehen wir im weiteren Gehen auch Schritte in Erwägung, die zu Beginn keine Option waren, die erst aus der Bewegung entstehen oder die wir dann erst als Möglichkeit denken und in Betracht ziehen können. Es gibt in jedem beruflichen Bereich Möglichkeiten mit erheblich niedrigeren Zugangsvoraussetzungen. Plan B könnte z. B. bedeuten, als Heilpraktikerin tätig zu sein statt als Ärztin oder als Rechtspfleger oder Schiedsmann statt als Rechtsanwalt. Wir mögen das jetzt Machbare als das „Zweitbeste" betrachten, als das, was sich jetzt, mit den Mitteln, die wir haben, realisieren lässt. Aber wer kann schon sagen, ob seine Vision, sein Sehnsuchtsziel *für immer* unerreichbar bleiben muss?

Ein Beispiel
Eine Lehrerin, die nach zehn Jahren im Schuldienst dank einer kleinen Erbschaft die Möglichkeit sah, ihrem eigentlichen Traumberuf – Therapeutin – näher zu kommen, pausierte zunächst für ein Jahr und nutzte die Zeit für eine therapeutische Ausbildung. Sie fand schnell heraus, dass diese Tätigkeit sie erfüllte. Sie verließ den Schuldienst ganz und machte sich selbstständig. Aufgrund des fehlenden Diploms konnte sie jedoch nur mit Patienten arbeiten, die die Kosten privat beglichen. Eine Ärztin empfahl sie zwar, aber ihr Sehnsuchtsziel, eine Zulassung als Psychotherapeutin, erreichte die ehemalige Lehrerin erst einmal nicht. In all den Jahren hatte sie sich immer wieder vergeblich um einen Studienplatz in Psychologie an ihrem Wohnort beworben. Mit 55 Jahren bekam sie völlig unerwartet im Rahmen des Nachrückverfahrens doch noch einen Studienplatz. Sie erwarb die erforderlichen Leistungsnachweise. Aus ihrem ersten Studium (Pädagogik) wurde ihr einiges angerechnet. Sie legte die Diplomprüfung ab, durfte ab da den Titel „Psychotherapeutin"

führen und erhielt – aufgrund ihrer langjährigen Erfahrung mit Patienten – die Kassenzulassung. Heute ist sie 70 Jahre alt und immer noch voller Begeisterung in ihrem Beruf tätig.

Großes nicht ausschließen
Wenn Sie so vorgehen, folgen Sie dem Motto „In kleinen Schritten denken, aber Großes nicht ausschließen" und pendeln, wenn Sie so wollen, zwischen Ihrer Vision und dem hier und heute Machbaren. Anders ausgedrückt: Sie halten Ihre Vision für wenig wahrscheinlich, aber nicht für grundsätzlich unmöglich. Sie schließen nicht aus, dass Umstände eintreten könnten, die es Ihnen irgendwann erlauben, Ihr großes Ziel, Ihre Vision doch noch zu erreichen. Es braucht dieses „Für-möglich-Halten", um die Möglichkeit, wenn sie sich denn ergibt, überhaupt erkennen zu können. Nicht mehr, aber auch nicht weniger.

> **Übung**
> Erinnern Sie sich an eine Situation, in der Sie sich etwas sehr gewünscht haben, das zu erreichen jedoch aussichtslos schien? Wie war das? Geben Sie Ihrer Erinnerung Raum. Und dann, als Sie es schließlich doch geschafft hatten? Wie war das? Notieren Sie die Erinnerung. Ist es eine Situation, oder sind es vielleicht sogar mehrere? Schreiben Sie auf, was Ihnen einfällt.

Was Sie tun, indem Sie diese Übung machen: Sie verbinden sich innerlich mit diesem Erfolg. Das hat Auswirkungen auf Künftiges (zur bahnenden Wirkung einer Vision s. Kap. 5).

8.5 Warum Handeln so wichtig ist

Zur Erinnerung: Ihre Vision, Ihr langfristiges Ziel dient in allererster Linie dazu, Ihre Motivation zu entfachen. Die lässt Sie aktiv werden (Kap. 2). Ideen sind gut, aber nur im Handeln, im Austesten, was und wie viel jeweils möglich ist, können wir Selbstwirksamkeit erleben. Das heißt: Die eigene Kompetenz erfahren wir nur im Tun. Nur so finden wir heraus, was funktioniert und was nicht. Nur durch Tun können wir Einfluss nehmen, beispielsweise auf unsere Arbeitssituation. Nur durch unser Tun lässt sie sich verändern und (mit) gestalten. Dann können sich neue Möglichkeiten ergeben. Im Vorwärtsgehen werden wir vertraut mit der Veränderung. Wir gewöhnen uns Schritt für Schritt daran, uns immer wieder Neuem auszusetzen. Sie kennen das bestimmt: Der Ansporn wächst mit jedem gelungenen Schritt. Wir können dann Herausforderungen annehmen, die zu bewältigen uns zuvor unvorstellbar schien.

> **Tipp**
> Nur im Tun können wir die Erfahrung machen, selbst etwas zu bewirken, d. h., unsere Selbstwirksamkeit erfahren. Wenn wir außerdem das, was wir tun, auch für der Mühe wert erachten, macht uns das zufrieden.

8.6 „A bisserl was geht immer"

Eine neugierige, auf Machbares gerichtete Orientierung nach dem Motto „A bisserl was geht immer" (wie Monaco Franze aus der bayerischen Fernsehserie *Der ewige Stenz* zu sagen pflegte) erlaubt eine leichtere, entspanntere Haltung. Aus der heraus lässt sich etwas ausprobieren. Fehler machen gehört dazu. Wenn wir mit der inneren Haltung „A bisserl was geht immer" unterwegs sind, entdecken wir vieles, das möglich ist, und gehen Situationen anders an. Statt nach dem Perfekten suchen wir nach dem, was für uns jeweils machbar ist. Im Zweifelsfall probieren wir dann eher drei einfache Maßnahmen aus, als allzu lange über „den einen richtigen Weg" nachzudenken. Wenn Sie so vorgehen, bleiben Sie trotzdem mit Ihrem Ziel, Ihrer Vision in Verbindung *und* mit dem, der Sie jetzt sind, mit dem, was Sie wollen, und mit den Werten, die Ihnen bei der Arbeit wichtig sind.

Es darf auch mal etwas schiefgehen
Was wir tun, wenn wir uns am Machbaren orientieren, ist keinesfalls beliebig. Denn der Bezugspunkt, unser Ziel, unsere Vision, bleibt ja bestehen. Von dem, was wir tun, nehmen wir an, dass es geeignet ist, uns diesem Ziel langfristig näher zu bringen. Begrenzt werden unsere Schritte von dem Verlust, den unser Handeln im schlimmsten Fall zur Folge haben kann. Unternehmer orientieren sich am „leistbaren Verlust" (Faschingbauer 2010). Wie geht das? Stellen Sie sich vor, was Sie im schlimmsten Fall verlieren könnten. Was wäre das? Wenn Sie mit den Konsequenzen daraus leben können, dann tun Sie den Schritt.

Wir gehen also das Risiko, dass das Schlimmste eintritt, ganz bewusst ein, wenn wir den Schritt für sinnvoll halten und den Einsatz zu leisten bereit sind. Wir übernehmen die Verantwortung und sind bereit, mit den Konsequenzen, die sich aus dem Schritt ergeben, zu leben. Sollte das

Schlimmste tatsächlich eintreten, haben wir auf jeden Fall eine Erkenntnis gewonnen. Diese hilft uns, den nächsten Schritt zu wählen und rasch herauszufinden, was nicht funktioniert. Solche Misserfolge sind zwar frustrierend, aber wir sind imstande, sie als (unvermeidlichen) Teil unseres Lernprozesses zu werten und zu akzeptieren.

Was heißt das nun für Ihre berufliche Umorientierung? Es könnte z. B. bedeuten, dass Sie mit der Sehnsucht, alles Bisherige zu verlassen und noch einmal ganz neu zu beginnen, weiterhin umzugehen bereit sind. Doch Ihr Weg beginnt jetzt vielleicht mit einer ersten kleinen Änderung des Bisherigen. Sie behalten das, was gut funktioniert, fürs Erste bei, statt Ihrem Traum von einem kompletten Neubeginn zu folgen. Es ist sogar möglich, dass Sie nach der Auseinandersetzung mit den Anregungen und Übungen in diesem Buch (bis auf Weiteres) auf eine versöhnte Weise in Ihrem jetzigen Beruf, an Ihrer jetzigen Stelle bleiben – und sich dort nach Machbarem umsehen.

Ein Beispiel
Eine Versicherungskauffrau fand ihren Beruf während der Ausbildung zunächst langweilig und uninteressant. In der Abteilung, in der sie schließlich eine Stelle bekam, fühlte sie sich nicht besonders wohl. Mit der Thematik, mit der sie zu tun hatte, verband sie nichts. Mit den Kollegen gab es kaum Gespräche und wenig Austausch, und zu ihrem Leidwesen rauchten auch noch alle am Arbeitsplatz. Die Situation änderte sich erst, als sie begann, zunächst mit den Kollegen, später auch mit allen beteiligten Vorgesetzten über das Thema „Rauchen am Arbeitsplatz" zu diskutieren. Sie erreichte zunächst, dass sie ihr Büro nicht

mehr mit einem Raucher teilen musste. Dann warb sie auch bei Kollegen und Vorgesetzten anderer Abteilungen für das Thema. Die Erfahrung, etwas bewirken zu können, beflügelte sie. Spontan beschloss sie, in ihrer Freizeit eine Ausbildung zur Yogalehrerin zu machen. Ihre Vision war, nach einigen Jahren ganz in diesen Bereich zu wechseln. Im Rahmen der Ausbildung entwickelte sie zunehmend Interesse an Gesundheitsfragen und medizinischem Hintergrundwissen, und sie begann, auch am Arbeitsplatz nach Möglichkeiten zu suchen, ihren neuen Interessen näher zu kommen. Einige Monate später, als in einer anderen Abteilung mit einem gesundheitsthematischen Schwerpunkt eine Stelle frei wurde, bewarb sie sich und war erfolgreich. Ihre nebenberufliche Tätigkeit und ihr Hauptberuf hatten jetzt viele inhaltliche Überschneidungen. Zum ersten Mal war sie in ihrem Beruf wirklich zufrieden.

8.7 Wenn die zweite Wahl die bessere ist

Natürlich gibt es immer auch Ziele, an denen unser Herz hängt, die wir aber tatsächlich nicht (mehr) erreichen werden. Sich davon zu verabschieden mag schwerfallen. Das kann den Traumberuf betreffen oder den Beruf, der eigentlich perfekt zu der Erfahrung, die wir gesammelt haben, und zu den Ressourcen, die wir besitzen, passen würde.

Ein Beispiel
Ein 49-jähriger ehemaliger Automechaniker, der seit vielen Jahren als Verkaufsberater in der Automobilbranche tätig war, konnte aufgrund einer Wirbelsäulenerkrankung seinen Beruf nicht mehr ausüben. Schon seit Längerem übernahm er in seiner Freizeit für Freunde und Bekannte Aufgaben der Hausverwaltung. Er erstellte Abrechnungen und war als verlässlicher und handwerklich begabter Allrounder geschätzt. Sein Ziel bei der beruflichen Neuorientierung war, diesen Bereich auszubauen und sich als Hausverwalter selbstständig zu machen. Seine Recherche ergab, dass dazu ein Lehrgang zum Immobilienverwalter Voraussetzung war. Als sein Antrag auf Förderung abgelehnt wurde, sah er sich nicht in der Lage, die Mittel für den Lehrgang und für die Unterkunft am Fortbildungsort aufzubringen und die Zeit ohne Einkommen zu finanzieren. Schweren Herzen verabschiedete er sich von seinem Ziel.

Bewusst Abschied nehmen
Ziele, für deren Erreichen wir selbst nichts tun können, sind als Restriktion zu betrachten (Kap. 5). In solchen Fällen bleibt uns nur, Abschied von unserem Ziel zu nehmen. Wieso kann das erforderlich sein? Oft ist uns gar nicht bewusst, wie viel Energie so ein „Sehnsuchtsziel" bindet. Was wir durch einen bewusst vollzogenen Abschied erreichen, ist, dass uns diese Energie wieder zur Verfügung steht, z. B. für unseren Plan B, auch wenn der – verglichen mit dem Sehnsuchtsziel – nicht mehr sein mag als ein zweitbestes Ziel.

Wenn Sie also im Laufe Ihrer beruflichen Umorientierung an den Punkt kommen, wo Sie von Ihrem Sehnsuchtsziel Abschied nehmen müssen, so sollten Sie Ihre Bereitschaft, das zu tun, ganz besonders würdigen. Die folgende Übung kann Sie dabei unterstützen.

> **Übung**
>
> Wenn Sie ein Sehnsuchtsziel haben und es Ihnen richtig schwerfällt, es loszulassen, es gewissermaßen zu begraben, dann schlage ich Ihnen vor, es symbolisch zu tun. Sie könnten z. B. in den nächsten Wochen einen schweren Gegenstand mit sich herumtragen. Das sollte richtig unbequem und lästig sein. Irgendwann spüren Sie: Jetzt ist es so weit, jetzt kann ich es – mein Sehnsuchtsziel – loslassen. Dann „begraben" Sie den Gegenstand, den Sie die ganze Zeit mit sich herumgeschleppt haben, vielleicht im Rahmen einer kleinen Zeremonie. Und vergessen Sie nicht, sich danach auf die Schulter zu klopfen.

8.8 Wenn eine Krise Ihnen keine Wahl lässt

Wenn uns eine Krise keine Wahl lässt, uns nichts anderes übrig bleibt, als uns beruflich ganz neu zu orientieren, dann müssen wir uns in die Unsicherheit begeben. Denken Sie daran: Jeder hat schon einmal die Erfahrung gemacht, dass ein krisenhaftes Ereignis sich im Nachhinein als Chance oder gar als Segen erweist, auch wenn das jetzt nicht vorstellbar sein mag.

Ein Beispiel
Ein 47-jähriger Regisseur war viele Jahre freiberuflich als Realisator für einen Sender tätig gewesen, als er erkrankte und über mehrere Monate nicht in der Lage war, seinen Beruf auszuüben. Als es ihm etwas besser ging, war Sicherheit ein wichtiges Kriterium für seine Suche nach einer Alternative. Seine berufliche Neuorientierung begann mit etwas, das er früher nie in Betracht gezogen hätte: Er bewarb sich als Quereinsteiger im öffentlichen Dienst. Nach einigen Jahren dort fing er an, gezielt nach Abteilungen mit ungewöhnlichen Vorgesetzten zu suchen. In vielen Gesprächen gewann er mit unkonventionellen Vorschlägen für neue Lösungen das Interesse eines Chefs. Er bewarb sich in dessen Abteilung und bekam dort einen Job. Der ehemalige Regisseur berichtete, er habe die krisenhafte Phase im Nachhinein sogar als positiv empfunden, weil er „ohne die Krise diesen Schritt nie gewagt" hätte. Dabei habe er „schon länger das Gefühl (gehabt), dass früher etwas nicht stimmte".

8.9 Fazit und Ausblick

Aktuelle Lebenssituationen können unserer angestrebten beruflichen Veränderung im Moment Grenzen setzen. Wer sich am Machbaren orientiert, kann jedoch innerhalb dieser Grenzen kreativ individuell stimmige Schritte tun. Das schließt nicht aus, dass die Schrittgröße variiert, sorgt aber dafür, dass man mit dem, was ist, wertschätzend in Kontakt bleibt. Daraus entsteht Zufriedenheit. Unser langfristiges Ziel behalten wir im Blickfeld, wir fixieren es aber nicht. Im nächsten Kapitel (Kap. 9) geht es darum, wie Sie Unterstützer für Ihr Ziel finden und mit ins Boot holen. Denn gleichgültig, welches Ziel wir haben: Wir erreichen es nie ganz allein und nur aus eigener Kraft. Wir brauchen den Austausch, die Zusammenarbeit mit anderen, manchmal auch deren Unterstützung. Kontakt ist ein wichtiger Faktor, dessen Bedeutung auch für berufliche Ziele wir nicht hoch genug einschätzen können.

Literatur

Faschingbauer, M. (2010). *Effectuation – Wie erfolgreiche Unternehmer denken, entscheiden und handeln.* Stuttgart: Schäffer Poeschel.

Storch, M. (2011). *Das Geheimnis kluger Entscheidungen: Von Bauchgefühl und Körpersignalen.* München: Piper.

9

Unterstützer mit ins Boot holen

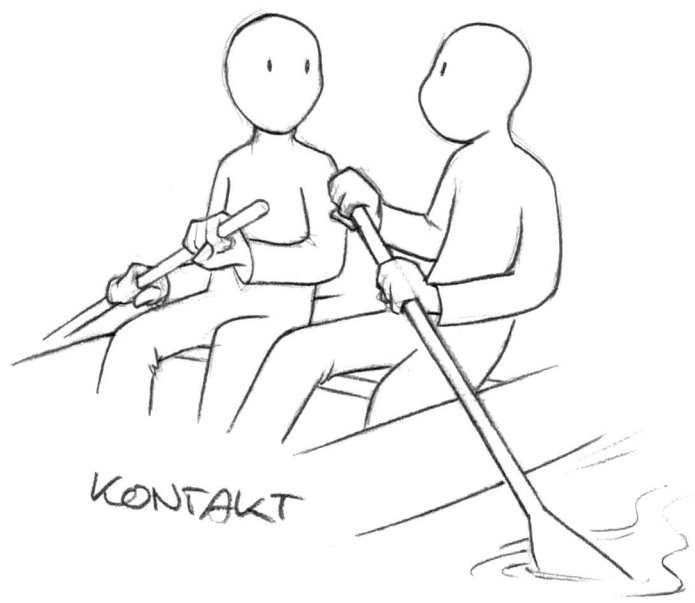

Was Sie in diesem Kapitel erwartet
Ihren beruflichen Traum zu verwirklichen, für Zufriedenheit im Beruf zu sorgen, den eigenen beruflichen Erfolg voranzutreiben, dafür übernehmen Sie Verantwortung. Vieles gelingt mit Ausdauer, persönlichem Einsatz, kreativen Ideen. Ziele und Werte sind dabei Richtungs- und Ausrichtungsgeber, und Ressourcen bilden das Fundament. Kontakte und Beziehungen sind ein wesentlicher Bestandteil dieser Ressourcen. Denn wir brauchen andere – in allen Lebensbereichen und auch, um unsere beruflichen Ziele zu erreichen. Dieses Kapitel lädt Sie ein, sich bewusst in Erinnerung zu rufen, wer alles zu Ihren Kontakten zählt, und herauszufinden, was Ihr Stil ist, wenn es um das Knüpfen oder Aktivieren von Kontakten geht. Von Marketingexperten lässt sich lernen, worauf es ankommt, wenn man Einflussnehmer gewinnen möchte. Wer findet, dass diese Perspektive zu sehr nach Tauschgeschäft klingt, mag sich bewusst machen, dass Beziehungen immer mit Geben und Nehmen und wechselseitiger Unterstützung verbunden sind und vorher nie klar ist, welcher Kontakt uns wann und wie möglicherweise hilft. Denn letztlich trägt jeder das Potenzial in sich, anderen unterstützend zur Seite zu stehen.

9.1 Kontakte gehören zu Ihren Ressourcen

Zu den Ressourcen, auf die Sie für Ihre berufliche Neuorientierung zurückgreifen können, gehören neben Ihren Fähigkeiten und Ihrem (Branchen-)Wissen auch

Ihre Kontakte. Denn wir brauchen andere – auch, um unsere beruflichen Ziele zu erreichen. Das kann die Vorgesetzte sein, die Ihnen die Leitung des gewünschten Projekts überträgt, oder ein ehemaliger Kollege, der in seinem Unternehmen für Sie einen Kontakt zur Geschäftsleitung herstellt, das kann ein Freund sein, der sich für Sie verbürgt, eine Bekannte, die Sie auf etwas aufmerksam macht ... Das Gelingen unserer beruflichen Vorhaben hat immer mit anderen Menschen zu tun. Forscher schätzen, dass 32 Prozent aller Neueinstellungen über die Nutzung persönlicher Kontakte zustande kommen, in Kleinbetrieben sind es sogar 47 Prozent (IAB 2017). Die Bedeutung unserer Kontakte kann also gar nicht hoch genug (ein)geschätzt werden. Und letztlich ist es vorher nie klar, welcher Kontakt uns wobei helfen wird.

Ein Beispiel
Ein 47-jähriger Fernsehregisseur war viele Jahre in der Unterhaltungsbranche selbstständig gewesen, als er erkrankte und über mehrere Monate nicht in der Lage war, seinen Beruf auszuüben. Als es ihm etwas besser ging, nahm er zunächst Kontakt zu Menschen aus seinem Bekanntenkreis auf, denen gegenüber er sich zutraute, über seine Erkrankung zu sprechen. Unter anderem traf er sich mit einem ehemaligen Kollegen aus der Fernsehbranche und einigen Mitsängern aus seinem Chor. Eines der Chormitglieder, ein Handwerker, erzählte ihm von der aktuell schwierigen Situation auf einer Baustelle. En passant erwähnte er, wie problematisch es sei, zuverlässige Leute zu finden. Aus einem Impuls heraus bot er dem Regisseur an, diese Arbeit auszuprobieren, falls ihn das

interessiere. Der Regisseur, der sich zu diesem Zeitpunkt nicht vorstellen konnte, in seinen bisherigen Beruf zurückzukehren, war neugierig. Der Gedanke, einmal etwas ganz anderes zu tun als bisher in seinem Leben, erschien ihm reizvoll. Später bewertete er die mehrmonatige Tätigkeit auf der Baustelle als entscheidenden Wendepunkt für sich. Er hatte den „Einsatz körperlicher Kraft und das zufriedenstellende Gefühl, jeden Abend den Fortschritt zu sehen", genossen und war „müde und zufrieden ins Bett gefallen". Mit der Erfahrung, „selbst etwas bewirken zu können", startete er kurze Zeit später seine berufliche Neuorientierung.

9.2 Wer gehört zu Ihren Kontakten?

Mit „Ihren Kontakten" sind tatsächlich alle Menschen gemeint, die Sie kennen: Alle Familienmitglieder gehören dazu, all Ihre Lehrer und Professoren, Menschen, die Sie in den letzten zwei Jahren auf irgendeinem Fest kennengelernt haben, die Kollegen, mit denen Sie in den letzten zehn Jahren zusammengearbeitet haben, und alle Leute, die Sie vom Sport, aus Ihrem Chor oder Ihrer Gemeinde kennen oder mit denen Sie in Ihrer Freizeit etwas unternehmen.

> **Übung**
>
> Überlegen Sie: Wen kenne ich? Notieren Sie auf einem Blatt Papier alle Namen so, wie sie Ihnen jetzt einfallen. Wichtig ist, dass Sie zunächst einfach nur sammeln, ohne zu bewerten und auch ohne darüber nachzudenken, ob Sie denjenigen sympathisch finden und sich vorstellen könnten, ihn oder sie anzusprechen.

Die meisten Menschen tun sich leichter, jemanden anzusprechen, den sie persönlich kennen. Der Vorteil ist, dass Menschen, die wir persönlich kennen, i. d. R. schnell und einfach zu erreichen sind. Zudem fällt es uns leicht, Fragen an sie zu richten oder mit ihnen über unsere Ideen zu sprechen, weil wir auf eine schon bestehende Beziehung aufbauen können. Ein Nachteil dabei ist aber häufig, dass diese Menschen uns nicht nur näher, sondern auch ähnlicher sind als Fremde oder entfernte Bekannte und dass sie auch ähnliche Interessen und Fähigkeiten haben. Kontakte zu Menschen, die Sie *nicht* gut kennen, können daher einen besonderen Wert haben, weil sie uns potenziell mit neuen Perspektiven, anderen Kenntnissen und Fähigkeiten inspirieren und herausfordern. Wer sich beruflich neu orientieren möchte, könnte genau das schätzen (lernen). Ich lade Sie also zu einer weiteren Übungsrunde ein.

> **Übung**
> Überlegen Sie: Lässt sich der Kreis von Personen, deren Namen schon auf Ihrer Liste stehen, um Kontakte zu Menschen, die Sie nicht so gut kennen, erweitern? Gibt es entfernte Bekannte oder ehemalige bzw. Ihnen nur flüchtig bekannte Kollegen, die Sie auf Ihre Liste aufnehmen wollen?

9.3 Wer kommt als Unterstützer für Ihr Ziel infrage?

Fragt man Marketingexperten, ist die Antwort klar: Wichtig ist, *einflussreiche* Personen zu gewinnen, d. h. diejenigen, die z. B. in einer bestimmten Branche Einfluss besitzen oder in einem Unternehmen die Entscheidung treffen können, jemanden einzustellen. Diese Einflussnehmer und Entscheider werden strategisch und systematisch ausgesucht. Dann geht es darum, durch gute Inhalte und gute Leistungen deren Unterstützung zu gewinnen, sie also z. B. davon zu überzeugen, dass wir bestens geeignet sind, die Lösung für eines ihrer Probleme zu liefern oder eine bestimmte Aufgabe zu übernehmen. Das Vertrauen der Einflussnehmer in uns lässt sich fördern, wenn wir von jemandem empfohlen werden, der bei dem jeweiligen Einflussnehmer bereits Ansehen und Vertrauen genießt.

Diesen Rat zu befolgen empfiehlt sich dann, wenn Ihr Ziel ganz klar ist und Sie geradlinig vorgehen können und wollen (Kap. 7). Angenommen, Ihr Ziel ist die Mitarbeit an einem für Sie attraktiven Projekt in dem Unternehmen, in dem Sie jetzt tätig sind. Wichtig für Sie ist in diesem Fall die Person, die darüber befindet, wer an dem Projekt mitarbeitet. Manchmal wird es nötig sein, zuerst herauszufinden, wer das ist. Dann geht es darum, den Kontakt zu dieser Person herzustellen. Wenn Sie keinen direkten Kontakt haben, können Sie „um die Ecke" suchen, also überlegen, ob Sie jemanden kennen, der einen Kontakt für Sie herstellen könnte.

> **Übung**
>
> Haben Sie Ihr Ziel klar vor Augen? Dann versuchen Sie, eine einflussreiche Person als Unterstützer zu gewinnen. Wichtige Fragen dabei sind:

- Was hat der Einflussnehmer davon, wenn er mit Ihnen zusammenarbeitet?
- Besteht bereits ein Kontakt? Wenn ja, wo könnte sich in nächster Zeit eine Gelegenheit zum Gespräch ergeben?
- Gibt es jemanden, der Ansehen und Vertrauen bei dem Einflussnehmer genießt und ihr oder ihm Ihr Angebot empfehlen kann?
- Ist ein Zwischenschritt, also ein Kontakt den Kontakt für Sie herstellen „um die Ecke", nötig? Gibt es jemanden, der den Kontakt für Sie herstellen könnte?

Nehmen Sie sich Zeit, und notieren Sie die Ergebnisse Ihrer Überlegungen.

9.4 Nutzen Sie Kontakte für Ihre Lieblingsideen

Wer nicht das eine klare Ziel verfolgt, sondern mit einer ersten Idee dafür, wo es beruflich vielleicht hingehen könnte, unterwegs ist, muss zunächst einmal herausfinden, wer als Unterstützer infrage kommen könnte. Das können im ersten Schritt alle Personen sein, die interessiert und bereit sind, sich Ihre Idee anzuhören und sich darauf einzulassen. Wenn Sie also eine Idee zunächst testen möchten, sollten Sie Ihre Suche nach Unterstützern offener und breiter anlegen.

Übung

Noch keinen klaren Plan, aber eine erste Idee, die Sie verfolgen möchten? Mit diesen Fragen können Sie die Suche nach Unterstützern starten:

> - Wen könnte Ihre Idee interessieren?
> - Wem könnte sie nützen? Wer könnte eventuell Vorteile davon haben?
> - Wer könnte sich gut auskennen mit dem Themenfeld, zu dem Ihre Idee gehört?
> - Mit wem könnten Sie sprechen, um das herauszufinden?
> - Bei welchem Ihrer Kontakte haben Sie spontan am meisten Lust, Ihre Suche zu starten? Wen haben Sie in der Vergangenheit bereits als offen, neugierig und zugewandt kennengelernt?
>
> Lassen Sie sich einen Moment Zeit. Notieren Sie die Kontakte, die dafür infrage kommen könnten.

Starten Sie da, wo es Ihnen leichtfällt, wo es Spaß macht und wo sich die nächste Gelegenheit ergibt, z. B. bei den Menschen, die Sie kennen und regelmäßig treffen. Das hat den Vorteil, dass der Aufwand gering ist und Sie i. d. R. bereits eine Vorstellung davon haben, welche Interessen Ihr Gegenüber hat. Daran lässt sich leicht anknüpfen. Das Sprechen über Ihre Idee wird Sie außerdem vermutlich wenig Überwindung kosten, weil es um etwas geht, das Ihnen am Herzen liegt.

Ein Beispiel
Eine 58-jährige Journalistin, die sich im Laufe ihrer langjährigen Berufstätigkeit mehr und mehr auf medizinische Themen spezialisiert hatte, wusste, dass ihre besondere Stärke darin bestand, „Menschen eine Stimme zu geben". Das war es, was ihr bei ihrer Arbeit am meisten am Herzen lag. Je länger sie in ihrem Beruf tätig war, desto mehr schätzte sie es, der Stimme anderer nicht nur wenige

Minuten im Rahmen einer Sendung geben zu können, sondern mehr Raum und Zeit zu haben, um in die Tiefe zu gehen. In ihrer Freizeit experimentierte sie mit Audiobiografien. Der Auftrag eines Radiosenders brachte sie in Kontakt mit der palliativmedizinischen Abteilung eines Krankenhauses. Nach der Sendung fragte der Leiter der Krankenhausabteilung sie, ob sie sich vorstellen könne, ehrenamtlich im Rahmen einer Studie Interviews mit Sterbenskranken zu führen. Im Verlauf dieser Interviews gewann die Journalistin den Eindruck, dass der nahende Tod in vielen Menschen den Wunsch weckt, von ihrem Leben zu erzählen. Das brachte sie auf die Idee, ein Familienhörbuch mit sterbenskranken jungen Müttern und Vätern zu machen, um deren Lebensgeschichte für ihre Kinder festzuhalten. Sie erzählte einem Arzt von ihrer Idee. Der bestärkte sie darin und versicherte ihr, dass dies interessant sei. Daraufhin führte die Journalistin über viele Monate Gespräche mit Mitarbeitern medizinischer Stiftungen, mit Ärzten, mit Pflegekräften … Alle fanden ihr Projekt spannend, aber niemand sah eine Möglichkeit, die erforderlichen finanziellen Mittel zur Verfügung zu stellen. Die Journalistin fasste sich ein Herz und nahm Kontakt zur Pressestelle einer großen medizinischen Gesellschaft auf. Dort hatte sie Jahre zuvor einmal beruflich mit einer Mitarbeiterin zu tun gehabt. Hier bekam sie nach vielen entmutigenden Telefonaten, in denen sie darum gebeten hatte, ihre Idee vorstellen zu dürfen, dank ihrer Hartnäckigkeit nun endlich die Chance, dem Geschäftsführer ihr Konzept vorzustellen. Aus der Idee ist ein Forschungsprojekt entstanden, an dem die Journalistin heute maßgeblich mitwirkt.

Schritt für Schritt

Wer eine Idee testet, der sucht Schritt für Schritt einen Zugangsweg zu Informationen, zu Erfahrungen von anderen, die die Idee für sinnvoll halten, zu Anwendungsfeldern und später – wenn sich die Idee als tragfähig erweist – auch zu Entscheidern. Zunächst geht es darum, herauszufinden, wo sich ein Weg auftut, wo sich eine Möglichkeit ergibt, die eigene Idee einzubringen. Das kann viel Zeit in Anspruch nehmen.

Haben Sie alles, um mit Ihrer Idee jetzt zu starten? Wem es wichtig ist, seine Kontakte zu sortieren, bevor er loslegt, der kann die folgende Übung nutzen. Damit lässt sich z. B. auch eine Rang- und Reihenfolge für die ersten Gespräche entwerfen.

> **Übung**
>
> Nehmen Sie ein Blatt Papier, und schreiben Sie Ihre Idee in die Mitte. Darum ziehen Sie großzügig mehrere konzentrische Kreise (Abb. 9.1). Nehmen Sie dann Ihre Kontaktliste (Abschn. 9.2), und wählen Sie aus der Liste die Personen aus, denen Sie Ihre Idee vorstellen könnten. Wen könnte das interessieren? Wer könnte einen Vorteil von Ihrer Idee haben oder Sie in irgendeiner Art unterstützen? Notieren Sie die Namen, jeden auf einem eigenen kleinen Zettel. Diese Zettel ordnen Sie dann den Kreisen zu, und zwar so, dass ganz innen, also ganz nah an Ihrer Idee, die Namen von einflussreichen Personen stehen, die Entscheider sein könnten. Weiter nach außen sortieren Sie die Personen, die Ihnen z. B. eine Frage für Ihre Recherche (Wohin mit der Idee?) beantworten könnten. Lassen Sie sich Zeit, eine stimmige Position für jeden Ihrer Kontakte zu finden. Am Ende fixieren Sie die Zettel. Was fällt Ihnen auf? Wo und mit wem haben Sie Lust zu starten?

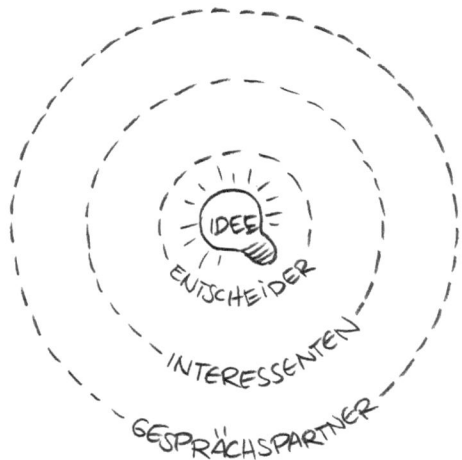

Abb. 9.1 Übung: Kontakte sortieren

9.5 So gehen Sie vor: von bekannt zu unbekannt, von außen nach innen

Gut möglich, dass Sie bereits während Sie Namen auf dem Papier hin- und hergeschoben haben, um zu sehen, ob die richtige Position für einen Kontakt weiter außen oder innen liegt, gedanklich schon durchzuspielen begonnen haben, wie und bei welcher Gelegenheit Sie diese Person, diesen potenziellen Unterstützer ansprechen könnten. Der Vorteil, wenn man stufenweise vorgeht, d. h. als Erstes die Menschen anspricht, deren Namen im äußeren Kreis stehen, besteht darin, dass man mit den Erkenntnissen aus diesen Kontakten dann Schritt für Schritt weiter nach innen vorrücken kann. Und je weiter Sie zu den

Kontakten in den inneren Kreisen vorrücken, d. h. zu Personen, die mehr Entscheidungsbefugnis haben, desto besser sind Sie vorbereitet. Sie haben dann schon eine Reihe von Gesprächen geführt und sind gut präpariert, wenn Sie auf die entscheidende Person, Ihren wichtigsten Unterstützer, treffen.

9.6 Auch innere Unterstützer nutzen

Nicht jedem Menschen fällt es leicht, mit „wichtigen Personen" in Kontakt zu treten. Auch manche meiner Seminarteilnehmer tun sich schwer, einen Einflussnehmer anzusprechen. In solchen Situationen kann es hilfreich sein, die eigenen Kräfte ganz bewusst um sich zu versammeln. Vielleicht wollen Sie Ihre Aufzeichnungen zu Abschn. 3.1 noch einmal hervorholen? Die folgende Übung haben Sie dort bereits kennengelernt.

> **Übung**
> Suchen Sie sich einen ruhigen Ort, an dem Sie in der nächsten halben Stunde ungestört sind: Was ist bisher in Ihrem Berufsleben richtig gut gelaufen? Worauf sind Sie persönlich stolz? Überlegen Sie, und notieren Sie die Antworten, die Ihnen einfallen. Und lassen Sie sich Zeit. Es kommt nicht darauf an, dass Ihnen etwas Großes einfällt. Wichtig ist, dass *Sie* es schätzen, dass es *für Sie persönlich* Bedeutung hat. Und der Zeitraum, d. h., wie weit Sie in Ihrer Erinnerung zurückgehen, ist nicht begrenzt. Vielleicht fällt Ihnen zunächst eine Unterrichtssituation aus der Schulzeit ein. Gut! Der Anfang ist gemacht. Oft ist es nämlich so: Wenn uns *eine* positive Situation eingefallen ist, folgen weitere – als seien Erinnerungen im Gedächtnis gestapelt, sodass,

> wenn wir eine herausziehen, der ganze Stapel in Bewegung gerät. Nehmen Sie sich 30 Minuten Zeit. Schreiben Sie alles auf. Vielleicht fällt Ihnen zuerst auch etwas aus dem Privatleben ein – in Ordnung. Danach suchen Sie weiter: nach dem, was in Ihrem Berufsleben gut gelaufen ist.
> Als Nächstes versuchen Sie herauszufinden, welche Fähigkeiten Sie in diesen Situationen genutzt haben. Versuchen Sie, genau zu sein: Mit welcher Ihrer Fähigkeiten haben Sie die Situation gemeistert? Notieren Sie, was Ihnen einfällt.

Die Fähigkeiten, die wir in solchen Situationen genutzt haben, sind unsere hilfreichen, stärkenden „inneren Anteile" (Peichl 2014). Damit in Verbindung zu bleiben bzw. diese Verbindung immer wieder aktiv herzustellen gibt uns Kraft. Wir verbinden uns innerlich mit „den erfolgreichen Mustern unseres Handelns" (Schmidt 2016). Warum das wichtig ist? Es stärkt unser Bewusstsein von dem, was wir können und anzubieten haben. Bei Berufserfahrenen ist das i. d. R. eine ganze Menge. Je häufiger wir die Übung machen, desto präsenter ist uns das, was wir schon einmal erreicht haben und worauf wir stolz sind. Nach unseren Stärken und Fähigkeiten gefragt, brauchen wir nicht lange zu überlegen. Wir haben die Antwort parat. Wir bleiben innerlich in Verbindung mit unseren erfolgreichen Mustern. Und das kann sich auch auf andere auswirken: Sie können sich eingeladen fühlen, ihrerseits mit ihren unterstützenden Anteilen in Kontakt zu kommen. Das schafft eine unterstützende, wertschätzende Atmosphäre im Kontakt und begünstigt, dass andere sich unseren Anliegen wohlwollend zuwenden.

Ideen im „Fahrstuhl" testen
Eine gute Methode, um die eigene Idee gezielt zu testen, bevor man das Gespräch mit dem Entscheider sucht, ist auch der sog. Elevator Pitch: Dabei stellen Sie sich vor, Sie treffen eine wichtige Person im Aufzug (engl. *elevator*). Für die Dauer der Fahrt (normalerweise sind das 30 bis 60 Sekunden) haben Sie Zeit, Ihr Gegenüber von Ihrer Idee und deren Wert zu überzeugen. Sie ahnen es wahrscheinlich schon: Es braucht ein bisschen Übung, eine Idee in so kurzer Zeit überzeugend an die Frau oder den Mann zu bringen. Unsere Aufmerksamkeit ist darauf gerichtet, herauszufinden, ob das, das wir anzubieten haben, für unser Gegenüber interessant ist und „passt". Wenn das der Fall ist, kann das Gespräch außerhalb des „Fahrstuhls" oder zu einem späteren Zeitpunkt ausführlicher weitergeführt werden. Erproben Sie die Methode zunächst mit Freunden oder Personen Ihres Vertrauens, bis die Kurzpräsentation Ihrer Idee „sitzt".

> **Tipp**
>
> Wenn es weitergeht, d. h., wenn man sich mit Ihnen zu einem weiterführenden Austausch verabredet hat, sollten Sie die Zeit bis dahin nutzen, um etwas vorzubereiten, über das Sie sich gemeinsam mit Ihrem Gesprächspartner beugen können. Das kann etwa eine Skizze sein, die Ihre Idee zusätzlich bildlich im Gedächtnis Ihres Gegenübers verankert. Nutzen Sie die Chance, sich gemeinsam auf etwas zu beziehen – das schafft Verbindung. Außerdem haben Sie so auch gleich Gelegenheit, dem anderen einen Eindruck von weiteren Ihrer Qualitäten zu geben, z. B., indem Sie Ihre Idee in einen größeren Zusammenhang stellen.

Je häufiger wir unsere Ideen kommunizieren, desto sicherer und gelassener werden wir darin. Wir können uns dann auch der Dynamik einer Gesprächssituation öffnen. Was heißt das? Wir können unsere Ideen überzeugend vermitteln und bleiben zugleich flexibel genug, um auch Einfälle unseres Gegenübers aufzunehmen. Vielleicht lassen sich diese ja mit unseren kombinieren. Vielleicht entsteht auch etwas ganz Neues. So schaffen wir sukzessive Motivation – vielleicht sogar für gemeinsame Projekte. Wer auf diese Weise „kreativ handelt" (Faschingbauer 2010), für den ist das, was er tut, nicht so sehr eine Abfolge zielgerichteter Überlegungen, sondern entsteht immer auch aus der Dynamik der Situation.

> **Tipp**
> Probieren Sie es aus – es lohnt sich: Bringen Sie eine eigene Idee in den Kontakt mit anderen Menschen ein. Das ist eine Chance, Motivation für gemeinsames Handeln zu schaffen und vielleicht sogar gemeinsam etwas zu (er)schaffen.

9.7 Geben Sie sich die Erlaubnis, auch Fehler zu machen

Natürlich: Mit eigenen Ideen an andere heranzutreten ist immer auch ein Wagnis. Leichter fällt uns das, wenn wir uns klar machen, dass es um unser Ziel geht. Deshalb spricht einiges dafür, mit einer Lieblingsidee zu starten.

> **Tipp**
> Wir tun gut daran, unsere Idee – vor allem zu Beginn – möglichst offen zu präsentieren. Für eine positive Resonanz ist nicht ein fixer Plan entscheidend. Wir wollen ja, dass unsere Idee Spielraum lässt für Abwandlungen und Weiterentwicklungen.

Sollte unser Gesprächspartner nicht so positiv reagieren wie erhofft, können wir die Gelegenheit nutzen und Änderungsvorschläge erbitten. Das erfordert zugegebenermaßen die Bereitschaft, Fehler zu machen. Es hilft, wenn wir innerlich die Haltung einnehmen, dass es etwas zu lernen gibt. Dann fällt es uns leichter, damit umzugehen, dass unsere Idee vielleicht zunächst keine Resonanz findet. Vielleicht gelingt es uns ja sogar, zu fragen, ob unserem Gesprächspartner etwas einfällt, ob er auf eine Erfahrung zurückgreifen kann und weiß, wo unser Vorschlag besser passen könnte. Auch daraus können sich wertvolle Ideen für nächste Schritte ergeben.

> » Wir vergessen es oft: Ein „Nein" des Gegenübers ist keine Rückmeldung zu unserer Person oder zu unseren Fähigkeiten, sondern eine Rückmeldung darüber, ob unser Angebot an dieser Stelle passt oder nicht. Es lohnt sich, sich das immer wieder in Erinnerung zu rufen.

Je mehr Menschen wissen, was unser Ziel ist und wonach wir streben, desto besser. Nutzen Sie Ihre Kontakte, sorgen Sie dafür, dass andere Sie mit Ihrer Idee, Ihrem Ziel in Verbindung bringen.

9.8 Herausfinden, wo das Angebot passt

Wer seine Stärken und Qualitäten klar benennen kann, der tut sich leichter, offensiv von eigenen Ideen zu sprechen. Die Übungen und Reflexionen in Kap. 6 sind eine Einladung, sich den Wert dessen, was Sie können und wissen, zu vergegenwärtigen.

> **Tipp**
>
> Es ist gut, wenn Sie mit Ihrem Ziel, Ihrer Lieblingsidee gemütlich unterwegs sind. Ihr Projekt mag Zeit brauchen – nehmen Sie sich diese Zeit! Und denken Sie daran: Optionen können sich auch aus Zufällen, ja sogar aus Unfällen ergeben. Gelegenheiten können aus Richtungen kommen, in die Sie gar nicht geschaut haben. Bleiben Sie offen und neugierig.

Das Risiko überschauen
Sie haben sich bewusst gemacht, wofür Sie tun, was Sie tun, Sie wissen, was Sie für sinnvoll erachten und für wert befinden, dass es getan wird. Mit dieser inneren Ausrichtung können Sie sich Unterstützer in Ihr Boot holen. Wenn Sie dabei Ihr Risiko überschaubar halten möchten,

sollten Sie stets so vorgehen, dass Sie mit den Konsequenzen leben können. Die folgende Übung hilft Ihnen dabei.

> **Übung**
>
> Wer befürchtet, seine Idee könne abgelehnt werden, macht sich am besten vorher klar, was genau er verlieren könnte, wenn er die betreffende Person anspricht. Seien Sie genau: Was könnte schlimmstenfalls die Folge sein, wenn Sie diesen Schritt jetzt machen? Und dann überlegen Sie: Gibt es vielleicht Mittel oder Wege, die Sie weniger kosten oder sogar gar nichts? Was könnte das sein? Wie könnte das aussehen? Dann entscheiden Sie, welchen Schritt Sie als Nächstes tun.

Tatsächlich treten die wenigsten Fantasien über das, was im schlimmsten Fall passieren könnte, auch wirklich ein. Was wir aber gewinnen können, ist persönliches und berufliches Wachstum, Lebendigkeit und Energie aus dem Tun und Zufriedenheit aus dem In-Gang-Setzen. So mancher macht dabei die Erfahrung, dass oft viel mehr möglich ist, als er ursprünglich gedacht hat.

> **Tipp**
>
> Wenn Sie mit Entscheidern in Kontakt treten, dann denken Sie daran: Erfolgreiche Menschen unterstützen andere i. d. R. gern. Deshalb ist Großzügigkeit auch ein wesentlicher Bestandteil der meisten Erfolgsgeschichten.

9.9 Gute Beziehungen öffnen uns Türen

Gute Beziehungen begünstigen, dass andere unsere Ideen wohlwollend prüfen, unsere Anliegen unterstützen und sich ggf. für eine Zusammenarbeit mit uns entscheiden. Manchmal äußern Seminarteilnehmer und Coachees Bedenken dagegen, die eigenen Kontakte unter „strategischen Gesichtspunkten" zu nutzen oder aus strategischen Gründen neue Kontakte zu knüpfen. Daher sei hier noch einmal betont: Gute Beziehungen haben heißt, Kontakte zu pflegen, sie zu halten und sie nicht nur dann zu „nutzen", wenn wir sie akut benötigen. Gute Beziehungen wachsen auf der Basis eines wertschätzenden Umgangs. Dann kann eine kurze Anfrage reichen, um den Kontakt wieder aufzunehmen. Wir haben die Interessen unseres Gegenübers immer mit im Blick. Die Aufmerksamkeit ist auf den Punkt gerichtet, wo unsere Interessen sich treffen.

> **Tipp**
>
> Vielleicht gefällt Ihnen die Idee, jede Kontaktaufnahme als eine Art Zyklus zu betrachten: Dieser Zyklus hat einen Beginn – vielleicht eine Mail oder eine SMS, die Sie bekommen. Und er braucht ein Ende: Versäumen Sie nie, sich für Unterstützung explizit zu bedanken. Eine kurze Mail, eine SMS ist ausreichend. Manchmal haben wir erst dann den Kopf wieder frei für anderes. Und seien Sie freigiebig mit positiven Rückmeldungen an andere.

9.10 Und wenn es schwerfällt?

Nun fällt die Kontaktaufnahme mit Einflussnehmern nicht jedem Menschen und auch nicht in jeder Situation leicht. Vielleicht denken Sie beim Lesen dieser Zeilen: „Ich kenne ja niemanden, den ich für mein Anliegen gewinnen könnte." In meinen Seminaren äußern manche Teilnehmer z. B. nach einem Burn-out oder einer Kündigung Bedenken. Sie können sich nicht vorstellen, jemals wieder mit ihrem (ehemaligen) Arbeitgeber oder den Kollegen in Kontakt zu treten. Das ist menschlich und gut zu verstehen.

> **Tipp**
>
> Starten Sie beim Knüpfen oder Wiederaufnehmen von Kontakten, da, wo es Ihnen leichtfällt. Wichtig ist, ins Tun zu kommen. Nur so können wir die Erfahrung machen (und festigen), etwas bewirken zu können. Später, wenn Sie Übung haben, mögen Sie vielleicht auch Menschen ansprechen, die Sie nicht gut kennen, oder vielleicht auch da noch einmal an Kontakte anknüpfen, wo es heute für Sie undenkbar ist.

Ein Beispiel

Eine 47-jährige Autoverkäuferin konnte sich nach einem Burn-out nicht mehr vorstellen, in ihren Job zurückzukehren. Sie fühlte sich kraftlos und ohne Motivation und begann, nach einem anderen Tätigkeitsfeld zu suchen. Im Verlauf einer Reha-Maßnahme nahmen ihre Energie und die Motivation zu. Als es ihr besser ging, wurde ihr zu ihrer Überraschung bewusst, wie gern sie ihren Job immer gemacht hatte. Sie entschied, ein Gespräch mit ihrem vorletzten Chef zu wagen. Es stellte sich heraus, dass dieser große Stücke auf sie hielt und gern bereit war, sie wieder einzustellen.

Wer stufenweise vorgeht, d. h. nach Unterstützern zunächst da sucht, wo positive Resonanz sicher erscheint, um später auch zu entfernten Kollegen und dann zu Entscheidern Kontakt aufzunehmen, mag jederzeit, wenn es stimmig ist, auch herausfordernde Schritte tun. Für ein Ziel, das uns wichtig ist, fällt das leichter, weil wir wissen, wofür wir die Herausforderung annehmen.

Das Wichtigste noch einmal in Kürze
Wenn wir etwas verändern oder uns beruflich neu orientieren wollen und dafür Unterstützer zu gewinnen suchen, dann stehen nicht wir als Person im Fokus, sondern unsere Idee. Es geht also nicht um Sie persönlich, sondern um das, was Sie anbieten und von dem Sie annehmen, dass es auch für Ihr Gegenüber interessant ist. Das sollten Sie herauszufinden versuchen, um Ihr Gegenüber dafür zu gewinnen, mit Ihnen gemeinsam einen Blick auf Ihre Idee, Ihr Angebot zu werfen. Für diese Sache, dieses Projekt wollen Sie Unterstützer finden. Das sollte der Bezugspunkt für Ihr Handeln sein.

Seien Sie sich Ihrer Stärken bewusst, wenn Sie mit potenziellen Unterstützern Kontakt aufnehmen. Sie kommen nicht mit leeren Händen, sondern streben etwas Neues an und bringen all Ihre Erfahrungen und Stärken mit ein.

Indem Sie sich Ihrem Ziel annähern, werden Sie auch mit Einflussnehmern in Kontakt treten, die in der Hierarchie eine höhere Position haben, sehr erfolgreich sind und sehr viel Erfahrung auf einem für Sie wichtigen Gebiet haben.

> **Tipp**
> Gehen Sie grundsätzlich wertschätzend mit anderen um. Sie sollten andere besser sein lassen können und denen, die weniger gut sind als Sie, mit Achtung begegnen. Und denken Sie daran: In der Regel begegnet sich mehr als einmal im Leben – auch im Beruf. Wenn also der Kontakt beim ersten Treffen nicht so gut gelaufen ist: Man kann in der Regel immer „nachbessern".

Und schließlich: Wer eine Idee vorstellt, die vom Gegenüber aufgegriffen wird, der sollte im Kopf behalten, dass dies auch für diese Person – zumindest tendenziell – eine Verpflichtung bedeutet. Was meine ich damit? Beginnen Sie immer kooperativ, aber bleiben Sie flexibel. Langfristig gesehen sollte das kein Tausch*geschäft*, aber ein Geben und Nehmen sein. Sie kennen das: Mit der Zeit entwickeln wir ein Gespür dafür, wo und mit wem sich ein Weg öffnen kann.

9.11 Fazit und Ausblick

Während Sie mit und zu Ihrem Ziel unterwegs sind, machen Sie vermutlich die Erfahrung, dass viel mehr möglich ist, als Sie gedacht hatten. Sie entdecken Wege, die auf keiner Landkarte verzeichnet sind, und stellen fest, dass Sie für das Ziel, das Ihnen am Herzen liegt, das Sie zieht, die Unterstützung anderer gewinnen können. Das heißt nicht, dass Sie nicht auch auf Hindernisse stoßen werden. Und auch mit Rückschlägen ist zu rechnen. Wie Sie damit gut umgehen können, dazu mehr in Kap. 10.

Literatur

Bossler, M., Kubis, A., & Moczall, A. (2017). Neueinstellungen im Jahr 2016: Große Betriebe haben im Wettbewerb um Fachkräfte oft die Nase vorn. *IAB-Kurzbericht, 18,* S. 1 ff. (Nürnberg).

Faschingbauer, M. (2010). *Effectuation: Wie erfolgreiche Unternehmer denken, entscheiden und handeln.* Stuttgart: Schäffer Poeschel.

Peichl, J. (2014). *Rote Karte für den inneren Kritiker.* München: Kösel.

Schmidt, G. (2016). *Einführung in die hypnosystemische Therapie und Beratung* (7. Aufl.). Heidelberg: Carl-Auer.

10

Gut umgehen mit Hindernissen und Rückschlägen

Was Sie in diesem Kapitel erwartet
Bei der Verfolgung unserer Ziele ist mit Hindernissen und Rückschlägen zu rechnen. Das mögen innere Hindernisse sein, wie Probleme oder hartnäckige Gewohnheiten, oder äußere Hindernisse, wie Ihre Lebenssituation oder der Körper, der Ihnen Grenzen setzt. Oder Sie gelangen an den Punkt, wo Ihre eigenen Ziele nicht mehr mit den Zielen Ihres Arbeitgebers in Einklang zu bringen sind. In diesem Kapitel zeige ich, wie Sie mit all dem gut umgehen können. Falls es gerade gut läuft auf Ihrem Weg der beruflichen Neuorientierung, dann wollen Sie dieses Kapitel vielleicht erst später bei Bedarf nutzen. Sie entscheiden, was wann hilfreich für Sie ist!

10.1 Wenn ein Problem verhindert, dass wir uns unserem Ziel zuwenden

Wenn Sie bis hierher mit dem Buch gearbeitet haben, stelle ich mir vor: Sie haben sich Ihr berufliches Ziel gesetzt. Sie wissen, wo und wie Sie am liebsten arbeiten wollen. Sie sind sich Ihrer Ressourcen bewusst und innerlich bereit für eine Veränderung. Sie sind entschieden, ein (überschaubares) Wagnis einzugehen, und neugierig auf Neues. Und dann … passiert nichts. Es bewegt sich einfach nichts, es kommt nichts in Gang. Wenn das so sein sollte, dann lade ich Sie als Erstes ein – nein, nicht dazu, Ihre Bemühungen zu intensivieren, das tun wir nämlich

i. d. R. automatisch, wenn wir auf Hindernisse stoßen. Ich lade Sie ein, anzuhalten und innezuhalten.

Manchmal ist es uns nicht möglich, unser Ziel direkt zu verfolgen, und manchmal kann ein Problem – z. B. in der Kommunikation mit Vorgesetzten oder Kollegen – verhindern, dass wir uns dem Ziel überhaupt zuwenden.

Ein Beispiel
Einem 47-jährigen Ingenieur war von seinem Chef die Leitung eines Projekts übertragen worden, eine Aufgabe, die den Ingenieur interessierte und ihm am Herzen lag. Nach einigen Monaten stieß er auf Unstimmigkeiten in den organisatorischen Abläufen, die den Fortschritt des Projekts erschwerten. Er hatte eine Idee zur Verbesserung, für deren Umsetzung er jedoch die Unterstützung seines Vorgesetzten benötigte. Er bat diesen also um ein Gespräch. Das Gespräch fand statt, und der Ingenieur sprach das Problem an. Als er anschließend wieder an seinen Arbeitsplatz zurückkehrte, wurde ihm jedoch bewusst, dass eigentlich gar nichts geklärt war.

Erkennen, wo es hakt
Womöglich wissen wir genau, welcher Schritt als Nächstes zu tun ist. Wir sind gut fokussiert auf unser Ziel und stoßen dann an etwas, das im Weg liegt. Es „hakt", und vielleicht ist zunächst gar nicht erkennbar, worin genau der Haken besteht. Als der Ingenieur aus dem obigen Beispiel die Situation analysierte und das Gespräch Schritt für Schritt Revue passieren ließ, wurde ihm deutlich, dass sein

Chef ihn, noch bevor er auf seinen Verbesserungsvorschlag hatte zu sprechen kommen können, unterbrochen hatte und dann nicht mehr hatte zu Wort kommen lassen. Der Ingenieur beschrieb seinen Vorgesetzten als unnahbar und streng. Er hatte seinen Lösungsvorschlag genau durchdacht und seine Argumentation, präzise und wasserdicht, gut vorbereitet, war aber gar nicht dazu gekommen, sie anzubringen.

Je wichtiger uns das Ziel ist, desto mehr mögen wir uns ärgern und den Druck spüren, die Situation zu verändern. Der Ingenieur berichtete, ärgerlich gewesen zu sein auf den Vorgesetzten und auch über sich selbst, weil er sich mit seinem Vorschlag nicht hatte Gehör verschaffen können. Aber: Wir können andere Menschen nicht ändern. Was wir beeinflussen können, ist unser eigenes Verhalten und unser Umgang mit der Situation. In der Regel ist eine Verhaltensänderung jedoch nicht von jetzt auf gleich möglich. Warum? Wir alle entwickeln im Laufe unseres Lebens bestimmte Verhaltensmuster. Sie sind „eingefahren" und optimiert, sie funktionieren blitzschnell und effektiv und sind uns selten bewusst. Das macht es so schwierig, auch wenn wir uns selbst darüber ärgern und uns fest vornehmen, uns das nächste Mal anders zu verhalten.

Übung in drei Schritten

Was können wir tun, wenn ein Problem auftaucht und wir mit unseren gewohnten Lösungsversuchen und Verhaltensweisen einfach nicht weiterkommen? Ich möchte Sie zu einer Übung in drei Schritten einladen.

10 Gut umgehen mit Hindernissen und Rückschlägen

> **Übung**
>
> **Schritt 1:** Nehmen Sie sich einen Moment Zeit, und schenken Sie Ihre Aufmerksamkeit dem Problem, das verhindert, dass Sie einen Schritt in Richtung auf Ihr Ziel tun. Untersuchen Sie: In welcher Situation taucht das Problem auf? Wer ist daran beteiligt? Was geschieht in dem Kontakt? Wer oder was verhindert, dass Sie das, was Sie sich vorgenommen hatten, auch tun?
> Achten Sie auch darauf, wie Sie sich selbst in dieser Situation wahrnehmen. Als wie alt erleben Sie sich? Und Ihren Gesprächspartner? Wie erleben Sie die Situation räumlich? Als wie groß nehmen Sie sich wahr? Und wie groß wirkt Ihr Gegenüber? Achten Sie auf jedes Detail.

Der Ingenieur aus dem Beispiel oben fand für die Gesprächssituation mit seinem Vorgesetzten folgendes innere Bild: Ein zierlicher Junge sah sich einem großen, bedrohlichen Alten gegenüber, der „wie eine Walze" auf ihn zurollte. Er selbst war „wie festgenagelt", es gab keine Möglichkeit, zu entrinnen. Die Auswirkung dieses Phänomens – die Psychologie nennt das „Altersregression" – ist vielen Menschen vertraut, z. B. im Kontakt mit Autoritäten. Wir nehmen unser Gegenüber als groß und bedrohlich wahr und fühlen uns selbst entsprechend klein, hilflos, abhängig, oder wir kämpfen und rebellieren. In diesen Momenten nehmen wir uns selbst nicht mehr als erwachsene, kompetente, erfahrene Menschen wahr, ohne dass uns dies bewusst sein muss.

> **Übung**
>
> **Schritt 2:** Wenn Sie ein Bild für die Problemsituation gefunden haben, dann überlegen Sie als Nächstes, wie Sie dieses Bild so ummodellieren könnten, dass Bedrohliches auf einen anderen Platz rückt, weiter weg von Ihnen, dass es kleiner wird oder vielleicht auch absurd groß, sodass es Sie zum Schmunzeln bringt. Was können Sie in Ihrem Bild wie verändern? Tun Sie das in Ihrer Vorstellung so lange, bis Sie sich beim Betrachten des veränderten Bildes in einer erwachsenen, kompetenten, kraftvollen Position fühlen. Nehmen Sie sich Zeit, um dieses Bild vor Ihrem inneren Auge genau auszumalen. Wenn Sie mögen, können Sie anschließend ein Symbol für das veränderte Bild suchen. Was könnte geeignet sein, Sie daran später zu erinnern? Vielleicht finden Sie auch eine Handbewegung, mit der Sie das Bedrohliche auf einen Platz weiter weg von Ihnen verweisen. Machen Sie die Handbewegung einige Male.

Als der Ingenieur sich auf die Suche nach einem hilfreichen Symbol für seine Situation machte, stieß er einige Tage später zufällig auf das Bild einer Spielzeugwalze. Später berichtete er, dass ein weiteres Gespräch, das er mit dem Vorgesetzten geführt habe, ähnlich verlaufen sei wie das erste. Dann traf er den Vorgesetzten eines Tages auf dem Flur, und ehe er sich versah, hatte er ihm sein Anliegen einfach spontan unterbreitet. Der Chef hatte ihn aufgefordert, seine Vorschläge zu skizzieren, und ihm Unterstützung zugesagt.

> **Übung**
>
> **Schritt 3:** Akzeptieren Sie, dass es Ihnen jetzt noch nicht gelingt, das Problem zu lösen. Erlauben Sie sich ein paar „Ehrenrunden" (Schmidt 2004). Planen Sie diese ganz bewusst mit ein. Was schätzen Sie, wie oft Sie eine Runde drehen werden? Noch zweimal oder dreimal? Öfter? In dieser Zeit untersuchen Sie einfach weiter jedes Mal geduldig und mit einer Haltung der Akzeptanz, wie die Situation abgelaufen ist.

Es mag uns also nicht sofort gelingen, unser Verhalten zu verändern. Was wir zunächst verändern, wenn wir so vorgehen, ist (nur) unsere Erwartungshaltung. Sie werden vielleicht feststellen, dass der Druck, der auf der Situation liegt, der Druck, etwas zu verändern, mit der Zeit nachlässt. Das ist die Voraussetzung dafür, dass Ihr Blick sich weiten kann. Und damit bekommen neue und andere Ideen für Verhaltensweisen eine Chance.

Vielleicht fragen Sie sich, ob dieser Aufwand sich lohnt? Probieren Sie es aus. Was wir erreichen können, ist eine Flexibilisierung unserer Verhaltensmuster und damit eine Erweiterung unseres Handlungsspielraums. Und diese wirkt sich i. d. R. nicht nur auf die Situation aus, die wir so genau analysiert haben. Unser Handlungsspielraum *insgesamt* erweitert sich, und das schafft neue und andere Möglichkeiten, die uns für unseren Weg in Richtung Ziel zur Verfügung stehen.

> **Tipp**
> Versöhnen Sie sich mit dem, was vielleicht jetzt (noch) nicht zu ändern ist. Später mag Ihnen dann auch das gewünschte Verhalten gelingen.

10.2 Wenn eine Gewohnheit unserem Ziel im Weg steht

Kennen Sie das? Sie haben sich etwas vorgenommen zu tun, beispielsweise eine Zeit lang morgens früher aufzustehen, vielleicht um Sport zu machen, vielleicht um die Kinder mit mehr Ruhe zur Schule bringen und dann weiter zur Arbeit zu fahren … und es will Ihnen einfach nicht gelingen. Ihre bisherige Gewohnheit setzt sich immer wieder durch. Das Sportzeug bleibt am Haken, Ihre Kinder setzen Sie gerade noch rechtzeitig vor Unterrichtsbeginn an der Schule ab. Unsere Gewohnheiten können einer gewünschten Veränderung im Weg stehen.

Dabei sind Gewohnheiten an sich nichts Negatives, sie vereinfachen vielmehr unser Leben. Über etwas, das regelmäßig zu erledigen ist, jedes Mal wieder von Neuem nachzudenken wäre große Kraftverschwendung. Gewohnheiten zu entwickeln und zu installieren ist also elementar für die Bewältigung unseres Alltags. Das, was wir jeden Morgen in gleicher Weise tun, funktioniert sozusagen automatisch oder – psychologisch gesprochen – unbewusst.

Das unbewusste und das rationale System

Dass Gewohnheiten so gut funktionieren, hat damit zu tun, dass zur biologischen Grundausstattung jedes Menschen zwei Systeme gehören: das Unbewusste und der Verstand. Beide Systeme erfüllen verschiedene Aufgaben: Das Unbewusste reagiert blitzschnell, seine Pfade im Gehirn sind wie stark befahrene Autobahnen. Sie sorgen dafür, dass unser Überleben gesichert wird. In Sekundenbruchteilen spulen sie Reaktionsprogramme ab, gemäß dem Motto: Was einmal geklappt hat, wird auch in Zukunft wieder angewendet, weil es sich als sicher erwiesen hat. Unser unbewusstes System kennt nur das Hier und Jetzt. Unser rationales System dagegen, unser Verstand, ist zwar verglichen mit dem unbewussten System langsamer, kann aber abwägen und vorausplanen. Für Ihre berufliche Neuorientierung und für jede Veränderung, die Sie anstreben, sollten Sie beide Systeme, das rationale und das unbewusste, berücksichtigen.

Ein Beispiel

Eine Seminarteilnehmerin musste für ihr Praktikum in einem Unternehmen, in dem sie gern arbeiten wollte und das ihr die anschließende Festanstellung in Aussicht gestellt hatte, morgens eine Stunde früher aufstehen. Ihr war klar, dass das für sie nicht leicht werden würde. Sie begann verschiedene Strategien auszuprobieren und fand heraus, dass sie den Wecker so weit wegstellen musste, dass sie gezwungen war, aufzustehen, um das Klingeln zu stoppen. Ein Seminarteilnehmer in einer ähnlichen Situation hatte die Idee, abends vor dem Schlafengehen ein Glas Wasser zu trinken. Das trieb ihn morgens früh aus dem Bett.

> **Tipp**
>
> In der Regel braucht es mehrere Wochen der Übung, bis eine neue Gewohnheit die alte abgelöst hat. Seien Sie geduldig mit Ihrem unbewussten, unwillkürlichen System. Eine Umstellung braucht Zeit, und Ihre bisherige Gewohnheit war Ihnen lange dienlich. Machen Sie sich klar, für welchen Wert, für welches Ziel Sie die alte Gewohnheit ändern möchten. Vielleicht wollen Sie eine Weile lang unterstützend ein Symbol – unser Unbewusstes reagiert auf Bilder und Symbole – für das, was Sie jetzt als neue Gewohnheit installieren möchten, in der Tasche mit sich tragen? Vielleicht macht es Ihnen Spaß, künftig ab und zu eine Ihrer Gewohnheiten bewusst zu unterbrechen, um mit dem Mechanismus vertraut zu werden, z. B., indem Sie eine andere als die gewohnte Route von der Arbeit nach Hause nehmen? Probieren Sie es aus.

10.3 Wenn unsere aktuelle Lebenssituation uns Grenzen setzt

Wir sind im Leben mit Ansprüchen aus verschiedenen Aufgabenfeldern konfrontiert (Seiwert 2009). Im Wesentlichen gehören dazu die folgenden vier Felder:

- die Arbeit (Beruf, Status),
- die Familie (Freunde, Beziehungen),
- der Körper (Gesundheit, Bewegung, Ernährung) und
- Sinnerfüllung oder Spiritualität.

Die Zeit und die Energie, über die wir verfügen können, sind grundsätzlich begrenzt. Wir müssen also eine Balance zwischen diesen Feldern finden, um gesund zu bleiben. Das ist i. d. R. kein dauerhaftes Gleichgewicht, sondern je nach Lebensphase und -situation wird mal der eine, mal der andere Bereich – oft zulasten der übrigen Felder – am meisten von unserer Zeit und Kraft fordern. Da in unserer Gesellschaft dem Bereich Arbeit und Beruf sehr große Bedeutung beigemessen wird, ist die Herausforderung, die anderen Bereiche im Blick zu behalten, entsprechend groß. Wenn Sie beispielsweise im mittleren Management tätig sind, mag es als Zeichen Ihres Commitments gewertet werden, dass Sie zwischen 8 und 20 Uhr im Unternehmen anwesend sind oder flexibel genug sind, um auch für intensivere Arbeitsphasen mit entsprechenden Überstunden zur Verfügung zu stehen. Es gilt also, die vier genannten Aufgabenfelder immer wieder neu in eine (individuell stimmige) Balance zu bringen. Eine berufliche Veränderung bedeutet meist auch eine Verlagerung der Schwerpunkte, denn eine Zeit lang wird dieses Feld besondere Aufmerksamkeit und Kraft benötigen.

Ein Beispiel
Eine 45-jährige Unternehmensberaterin lebte mit ihrer kleinen Tochter in einer großzügigen Eigentumswohnung, die sie einige Jahre zuvor gekauft hatte, im teuersten Viertel der Stadt. Sie war beruflich sehr erfolgreich, litt jedoch zunehmend darunter, kaum Zeit für ihr Kind zu haben. Aufgrund der finanziellen Verpflichtung hatte sie unwillkürlich begonnen, mehr zu arbeiten als zuvor. Während einer Fortbildung hatte sie erstmals seit Langem Zeit und Gelegenheit, ihre Situation zu reflektieren. Sie entschied anschließend, ihre Wohnung gegen eine günstigere

in einem anderen Stadtteil zu tauschen. Den durch die geringere finanzielle Belastung gewonnenen Spielraum nutzte sie, um mehr Zeit mit der Tochter zu verbringen.

Kleine oder große Schritte?
Es macht einen Unterschied, ob wir eine berufliche Neuorientierung angehen, wenn die Kinder aus dem Haus sind und die Wohnung abbezahlt ist oder wenn z. B. ein Elternteil gerade unsere Unterstützung braucht. Entsprechend werden Sie vielleicht kleine Schritte der Justierung machen oder genau jetzt den gewünschten Wechsel in eine andere Branche oder einen neuen Beruf angehen. Die folgende Übung dient der Unterstützung Ihrer Reflexion.

> **Übung**
> Nehmen Sie sich einen Moment Zeit, und überlegen Sie: Wie ist es bei Ihnen mit Ansprüchen aus den vier Feldern (Arbeit, Familie, Gesundheit, Sinn)? Welche Felder fordern Ihre Kraft und Energie in welchem Ausmaß? Zeichnen Sie auf, in welchem Größenverhältnis die Felder zueinander stehen. Ist ein Feld besonders groß oder klein? Welchen Schwerpunkt haben Sie in Ihrem Leben gesetzt? Oder empfinden Sie es so, dass der Schwerpunkt von außen gesetzt wurde? Gibt es ein Feld, das vielleicht zu kurz kommt? Wollen Sie etwas ändern? Wenn ja, dann fertigen Sie eine zweite Zeichnung an, in der die Felder so sind, wie Sie sich das vorstellen. Was heißt das für Ihre berufliche Umorientierung? Wie weit oder eng ist der zeitliche und ggf. auch der finanzielle Rahmen, den Sie dafür zur Verfügung haben? Was ist jetzt sofort, was vielleicht erst später machbar?

In der Frage, wie viel Veränderung wir beruflich anstreben und welche Wagnisse wir dabei eingehen wollen, ist also nicht zuletzt unsere Lebensphase und das individuelle Zusammenspiel der vier Felder entscheidend. Wichtiger als das Ausmaß der Veränderung ist, dass die Richtung, in die wir unterwegs sind, zum Ziel führt. Ob wir uns diesem Ziel dann in kleinen oder in großen Schritten annähern, ist nachrangig. Die berufliche Neuorientierung ist Teil unseres gesamten Lebensplans. Das kann auch bedeuten, dass wir vorerst (vielleicht auch längerfristig) im jetzigen Unternehmen weiterarbeiten, während wir erste Schritte der Veränderung tun oder ein neues Feld betreten.

Ein Beispiel
Eine 47-jährige Führungskraft war nach vielen Jahren Tätigkeit in der Medienbranche zunehmend unzufrieden. Sie war erfolgreich, vermisste aber mehr und mehr ihre frühere kreative Arbeit. Ihre Kinder waren inzwischen aus dem Haus. Sie entschloss sich, ihre Führungsposition aufzugeben und zu ihrer früheren Tätigkeit zurückzukehren. Sie wechselte in eine redaktionelle Abteilung. Das bedeutete für sie eine finanzielle Einbuße. Was sie gewann, war eine klar geregelte Arbeitszeit und weniger Verantwortung. Die frei gewordene Energie und Zeit nutzte sie für eine berufsbegleitende Fortbildung, die sie auf lange Sicht ihrem Wunsch, wieder mehr künstlerisch gestaltend zu arbeiten, näherbringen würde.

Lebensphase – Lebensumstände
Je nach Lebensphase und Lebensumständen mag Ihrer gewünschten beruflichen Veränderung also eine Grenze gesetzt sein. Natürlich spielen dabei auch Ihre Werte (Kap. 4) eine wichtige Rolle, z. B. die Frage, wie viel Sicherheit Sie brauchen. Das kann individuell sehr verschieden sein. Wichtig ist, dass Sie sich selbst gegenüber ehrlich sind. Etwas einfach nur anders haben zu wollen, als es jetzt ist, lässt uns i. d. R. (noch mehr) leiden. Besser, wir akzeptieren zunächst, was ist, passen fürs Erste unsere Ziele an unsere Lebenssituation an und schauen dann, was geht. Manchmal ist vielleicht keine Heilung möglich, aber eine allmähliche Verbesserung. Was meine ich damit?

10.4 Wenn unser Körper uns Grenzen setzt

So wie die Anspruchsfelder Arbeit, Familie und Sinnerfüllung bei der beruflichen Umorientierung berücksichtigt sein wollen, gilt das auch für den Körper. Unter all den Hindernissen und Stolpersteinen, an die wir stoßen mögen, stellen die, die mit unserer Gesundheit zu tun haben, für meine Seminarteilnehmer regelmäßig die größte Herausforderung dar. Das ist verständlich, denn der Körper rückt für die meisten Menschen erst dann in den Fokus, wenn Beschwerden auftauchen.

Ein Beispiel

Ein 52-jähriger Ingenieur war viele Jahre erfolgreich im mittleren Management eines großen Unternehmens tätig gewesen. Im Rahmen einer Entlasswelle war er gezwungen, der Hälfte der Mitarbeiter seiner Abteilung zu kündigen – kurz nachdem es ihm endlich gelungen war, in seiner Abteilung ein gutes und vertrauensvolles Klima der Zusammenarbeit zwischen neuen und langjährigen Mitarbeitern zu etablieren. Nach den Entlassungen geriet er in einen Burn-out und war über mehrere Monate nicht arbeitsfähig. In der Reha erholte er sich rasch. Anschließend begann er, sich zu bewerben. Mehrere Termine für Vorstellungsgespräche waren vereinbart, als ein massiver Bandscheibenvorfall seine Pläne zunichtemachte.

Die Klugheit des Körpers

Ein Seminarteilnehmer mit einer ähnlichen Geschichte schilderte, wie bedrohlich und verunsichernd diese Situation für ihn gewesen sei. Im Laufe seines Reflexionsprozesses während der Reha sei er plötzlich darauf gestoßen, dass ein Teil von ihm etwas wie Erleichterung erlebt hatte – darüber, „endlich anhalten zu können, nicht mehr zu müssen".

Was hätte der Ingenieur tun können? Angenommen, er hätte den Bandscheibenvorfall als eine kompetente Rückmeldung seines Körpers verstanden. Wäre es ihm dann leichter gefallen, das Ereignis zu akzeptieren? Gut möglich. Vielleicht hätte ihn das dazu gebracht, die Situation genauer zu untersuchen. Vielleicht hätte er herauszufinden versucht, ob es noch etwas zu berücksichtigen gab, bevor er wieder loslegte.

Der Körper ist oft klüger als unser Verstand. Er funktioniert i. d. R. lange – auch dann, wenn wir sehr viel arbeiten und zum Ausgleich vielleicht auch noch ganz viel Sport treiben. Und irgendwann macht er womöglich plötzlich und wie aus heiterem Himmel nicht mehr mit.

Wir selbst sind die einzigen, die die Grenzen unseres Körpers kennen – oder lernen können, sie rechtzeitig wahrzunehmen. Wir können lernen, die Signale, die Feedbackprozesse unseres Körpers (Storch 2008) nicht nur zu lesen, sondern auch zu nutzen, z. B., indem wir nach einer heftigen Arbeitsphase für ausgleichende Entspannung sorgen.

Tipp

Gehen Sie liebevoll mit den Rückmeldungen Ihres Körpers um. Danken Sie ihm, und geben Sie seinen Rückmeldungen Raum. Schmerzen dürfen sein. Vielleicht geht es darum, „gemütlicher" mit den eigenen Zielen unterwegs zu sein. Erlernen Sie einen achtsamen, wertschätzenden Umgang mit Ihrem Körper, wie beispielsweise Jon Kabat-Zinn, emeritierter Professor der University of Massachusetts, ihn lehrt. Nach seiner Methode wird auch in vielen deutschen Reha-Kliniken gearbeitet (Kabat-Zinn 2011). Planen Sie nach Leistungsphasen Pausen und Auszeiten ein. Und je älter wir sind, desto wichtiger ist es, nicht nur die Erreichung des Ziels im Blick zu haben, sondern bereits den Weg dahin. Wer bestrebt ist, sein Tun zufriedenstellend zu gestalten, sollte sich daher immer wieder einmal fragen: „Was könnte leichter sein? Und noch leichter?" Mit anderen Worten: Lenken Sie Ihre Aufmerksamkeit ab und zu bewusst auf „gutes Unterwegssein".

10.5 Wenn unsere Ziele nicht (mehr) mit den Zielen des Arbeitgebers harmonieren

Wenn Sie sich bewusst ein eigenes Ziel setzen und es verfolgen, ist nicht auszuschließen, dass Sie an einen Punkt kommen, an dem Sie erkennen, dass Sie dieses Ziel in Ihrem jetzigen Unternehmen aller Voraussicht nach nicht werden erreichen können.

Ein Beispiel
Eine 45-jährige Personalerin hatte nach mehreren Jahren Tätigkeit im Unternehmen – dort hatte sie u. a. ein Konzept für die Beurteilung von Führungskräften entwickelt, das erfolgreich eingesetzt wurde – nach einer Umstrukturierung zunehmend das Gefühl, bei ihrer neuen Vorgesetzten, die zuvor ihre Kollegin gewesen war, mit ihrem Wunsch nach Weiterentwicklung wenig Gehör zu finden. Sie suchte das Gespräch, um ihre beruflichen Chancen und Perspektiven auszuloten. Vonseiten der Chefin blieb das Gespräch aber vage und im Ungefähren, offenbar sah sie sich nicht in der Lage, Zusagen zu machen. Die Personalerin kam zu dem Schluss, dass sie keine Perspektive in dem Unternehmen hatte. Sie begann, anfangs zögerlich, nach einer neuen Stelle Ausschau zu halten. Ihre Bewerbungen zeigten ihr, dass sie viel mehr Optionen hatte als erwartet.

Wo sind Wege offen?

Das eigene, stimmig gesetzte Ziel (Kap. 2) bringt uns dazu, immer wieder nach Möglichkeiten für die weitere Annäherung zu suchen. Wir werden Situationen daraufhin abklopfen, ob sich Wege öffnen, auf denen es für uns weitergehen könnte. Dabei werden wir auch herausfinden, dass manche Wege verschlossen sind. Das fordert ggf. die Entscheidung von uns, unser Ziel entweder da weiterzuverfolgen, wo wir Unterstützer finden, oder es anzupassen, etwa weil sich eine ganz neue Gelegenheit bietet, die wir uns am Anfang des Weges so nicht vorstellen konnten. Vielleicht werden wir unser Ziel auch eine Zeit lang ruhen lassen, weil wir ein damit verbundenes Risiko jetzt nicht eingehen wollen. All das mögen Sie in Betracht ziehen, wenn die grundsätzliche Richtung für Sie stimmt.

10.6 Fazit und Ausblick

Die Verfolgung unseres beruflichen Ziels lässt uns nach Möglichkeiten für eine weitere Annäherung suchen. Die Veränderung, die wir damit initiieren, kann uns dazu herausfordern, unsere oft eingespielten Verhaltensweisen zu flexibilisieren. Ebenso ist damit zu rechnen, dass wir es im Verlauf dieses Veränderungsprozesses häufiger mit ambivalenten Gefühlen zu tun bekommen. Wir können beispielsweise zwischen Neues und Altbewährtes, Vertrautes geraten. In Kap. 11 wird es darum gehen, wie Sie mit solcherlei Ambivalenzen gut umgehen und Ihren Weg zum Ziel gelassen fortsetzen können.

Literatur

Kabat-Zinn, J. (2011). *Gesund durch Meditation. Das vollständige Grundlagenwerk zu MBSR*. München: O.W. Barth.

Schmidt, G. (2004). *Liebesaffären zwischen Problem und Lösung: Hypnosystemisches Arbeiten in schwierigen Kontexten*. Heidelberg: Carl-Auer.

Seiwert, L. (2009). *Noch mehr Zeit für das Wesentliche. Zeitmanagement neu entdecken*. München: Goldmann.

11

Gut umgehen mit widerstreitenden Impulsen

Was Sie in diesem Kapitel erwartet
Berufliche Veränderung kann uns Energie, Lebendigkeit und Zufriedenheit im Beruf geben. Wir mögen ganz neue Herausforderungen annehmen. Das muss kein Neuanfang, kein großer Paukenschlag sein. Schon ein kleiner Shift im Bisherigen, eine auf den ersten Blick geringfügige Veränderung kann vielfältige Auswirkungen in unserem Erleben und auf unser Handeln haben. Mit solchen Veränderungen geht oft einher, dass etwas zurückgelassen wird. Teile unserer beruflichen Wurzeln, vielleicht auch bisherige Kontakte werden aufgegeben. Das kann widerstreitende Impulse auslösen. In diesem Kapitel geht es darum, wie man mit solchen Ambivalenzen gut umgehen kann. Wie können wir Zurückgelassenes als Teil unseres beruflichen Fundaments würdigen, auf das sich Neues aufbauen lässt?

Unbekanntes Terrain
Wer sich beruflich verändert, Schritte in Richtung Umorientierung macht, sich auf neues, unbekanntes Terrain begibt, kann damit rechnen, vermehrt auch mit ambivalenten, d. h. widerstreitenden Gefühlen in Kontakt zu kommen und zwischen Altes und Neues zu geraten.

Zwei Beispiele
Die ehemalige Mitarbeiterin einer Softwareberatung, die sich im Alter von 45 Jahren selbstständig gemacht hatte, resümiert, dass ihr der Schritt nach gründlicher Vorbereitung und mit einer großen Portion Mut gut gelungen war. Innerhalb weniger Monate hatte sie bereits zwei umfangreiche Beratungsaufträge von Kunden erhalten, für

die sie noch heute – fünf Jahre später – regelmäßig tätig ist. Sie berichtet jedoch, dass sie, egal wie gut es laufe, am Ende des Jahres stets befürchte, im nächsten Jahr „vor dem Nichts zu stehen". Das höre nicht auf.

Ein 47-jähriger freiberuflicher Producer war viele Jahre für einen Fernsehsender tätig gewesen. Seine Arbeit war hoch geschätzt und sehr anerkannt in den Redaktionen, für die er tätig war, und seine Sendungen hatten gute Einschaltquoten. Er übernahm regelmäßig Aufgaben, die Einfluss auf die gesamte Dramaturgie einer Sendung hatten, und liebte es, in unterschiedlichen Teams zu arbeiten. In einer Zeit, in der in der Redaktion Stellenstreichungen und Sparmaßnahmen vorgenommen wurden, erkrankte seine Mutter. Der Producer kümmerte sich um sie. Mehrere Monate lang übernahm er kaum Aufträge. In dieser Zeit wurde ihm klar, wie wichtig es ihm war, seine Mutter künftig mehr unterstützen zu können. Dazu brauchte er jedoch mehr Sicherheit und regelmäßige Einnahmen. Ein Gespräch mit der Redaktionsleitung ergab allerdings, dass die Verantwortlichen keinerlei Möglichkeit sahen, für ihn eine feste Stelle zu schaffen. Er beschloss, sich anderweitig zu orientieren, und fand mühelos eine Stelle, die perfekt zu seinem Profil und seinen Interessen passte und gut dotiert war. Alles stimmte, aber auch ein Jahr nach dem Wechsel vermisste er immer noch die familiäre Atmosphäre beim Sender und den inspirierenden Kontakt mit den Kollegen. Es fiel ihm schwer, sich in das neue Arbeitsumfeld einzufinden.

Zweifel und kritische Stimmen

Gut möglich, dass nach einem beruflichen Veränderungsschritt anhaltende Zweifel oder kritische Stimmen in uns laut werden – bis dahin, dass wir die Richtigkeit unserer Entscheidung infrage stellen. Was wir in solchen Situationen als unangenehm, manchmal vielleicht sogar leidvoll erleben, ist aus Sicht der Psychologie wichtig und nützlich. Wir bewerten nämlich das Ergebnis unserer Handlungen: Ist es besser oder schlechter, als wir erwartet hatten? Und daraus ziehen wir Konsequenzen für unsere nächsten Schritte. Das zu wissen ändert natürlich noch nichts daran, dass widerstreitende Gefühle sehr unangenehm sein können.

Bei jedem Schritt, den wir machen, müssen wir immer auch auf etwas anderes verzichten. Jede Entscheidung hat ihren Preis. Das ist der Grund, warum viele Menschen sich so schwer tun damit. Man könnte auch sagen: Es gibt immer wertvolle andere Optionen, für die es ebenfalls gute Gründe gegeben hätte. Nach einer Entscheidung können sich innere Anteile (Peichl 2010) melden, die (bisher) nicht gehört wurden und bei dem Schritt, den wir gemacht haben, nicht zum Zuge gekommen sind. Sie können sich etwa mit einem „Ja, aber" bemerkbar machen, mit Zweifeln, auch mit Selbstvorwürfen, z. B., vor unserer Entscheidung diesen oder jenen Aspekt nicht bedacht zu haben.

Wir können nicht verhindern, dass das geschieht. Aber wie wir damit umgehen, das können wir beeinflussen. Und das kann einen wichtigen Unterschied machen.

11 Gut umgehen mit widerstreitenden Impulsen

11.1 Was tun mit ambivalenten Gefühlen?

Wozu ich Sie hier einladen möchte, ist, widerstreitende innere Stimmen als wertvolle Rückmeldung von Anteilen in Ihnen zu betrachten, die für persönliche Werte stehen, welche bei Ihrem Schritt möglicherweise zu kurz gekommen sind. Statt diese Stimmen zu unterdrücken oder wegzuschieben – denn wir wollen ja unseren Weg trotzdem fortsetzen –, lautet meine Einladung: Wenden Sie sich ihnen ganz bewusst zu. Hören Sie auf das, was sie zu sagen haben könnten. Denn wir können nicht bei jedem Schritt, den wir tun, ob im Beruf oder in anderen Lebensbereichen, alle unsere Werte in gleicher Weise berücksichtigen. Wir können es nicht allen recht machen. Was wir aber tun können, ist, die Werte, die sich – aus guten Gründen – anschließend melden, zu würdigen.

Als der Producer aus dem Beispiel oben auf seine inneren Stimmen zu hören begann, konnte er schließlich anerkennen, dass der Abschied von den langjährigen Kollegen und all dem, was er an seiner vorherigen Tätigkeit geschätzt hatte, Zeit brauchte, und sich diese Zeit zugestehen, genauso wie die mit dem Abschied verbundenen Gefühle. „Zu gegebener Zeit" wollte er sich darüber Gedanken machen, wie sich der Kontakt zu den neuen Kollegen gestalten ließe und was er dazu tun könnte. Die folgende Übung zeigt, wie Sie vorgehen können, wenn Sie bei Ihrer beruflichen Neuorientierung ambivalente Impulse bei sich wahrnehmen.

> **Übung**
>
> Welche Situation hat widerstreitende Stimmen in Ihnen laut werden lassen? Überlegen Sie einen Augenblick. Als Nächstes versuchen Sie, auf die Stimmen zu hören. Was sagen sie jeweils? Fallen Ihnen Sätze ein? Oder auch einfach nur ein Wort? Wenn Sie mögen, zeichnen Sie eine bauchige Figur auf ein Blatt Papier und schreiben das, was die Stimmen sagen, hinein. Angenommen, die Stimmen repräsentieren Anteile von Ihnen. Dann könnten Sie sagen: „Ein Teil von mir wollte …" und „ein anderer Teil wollte …"
>
> Und wenn Sie sich jetzt ganzheitlich gerecht werden wollten, welche Anteile sollten dann berücksichtigt werden? Laden Sie alle Anteile, die für Sie in dieser Situation wichtig sind, in Gedanken ein. Notieren Sie, was die Stimmen/Anteile sagen. Dann überlegen Sie: Welcher Ihrer Werte könnte bei dem Schritt, der zu der Situation geführt hat, die Sie jetzt untersuchen, zu kurz gekommen sein? Einmal unterstellt, jeder Anteil hat ein berechtigtes Anliegen: Was wäre das jeweils? Gibt es einen Anteil, der besonders problematisch ist? Wie könnten Sie den Wert, das Anliegen, für das er eintritt, würdigen? Was könnte das heißen, ihn zu würdigen? Was könnten Sie tun? Notieren Sie alles, was Ihnen einfällt.

Was Sie gewinnen können

Die Softwareberaterin aus dem obigen Beispiel traf, als sie diese Übung machte, auf eine Stimme, die wie in einer Dauerschleife wiederholte: „Man kann nie sicher sein." Ihr wurde klar, dass diese Stimme, dieser Anteil, ihr Antrieb war, sehr viel zu arbeiten, um so „finanzielle Sicherheit zu schaffen". Als sie der Stimme längere Zeit gelauscht hatte, nahm sie eine weitere Stimme wahr, eher ein „koboldhaftes Flüstern", das „etwas wie Leidenschaft, Lebendigkeit" repräsentierte. Die Softwareberaterin berichtete später, dass der innere Dialog zwischen diesen beiden Anteilen/Stimmen zur Folge gehabt habe, dass sie in Honorarverhandlungen einem neuen Kunden gegenüber offensiver aufgetreten sei als gewohnt. Noch später stellte sie fest, dass sie den in ihrer Freizeit immer mit schlechtem Gewissen besuchten Tanzkurs jetzt mehr genießen konnte und sich regelmäßig Zeit dafür nahm.

Was Sie gewinnen können, wenn Sie sich Ihren ambivalenten Strebungen zuwenden, ist mehr innere Klarheit und Akzeptanz – im Hinblick auf die Entscheidung, die Sie getroffen haben, und den Schritt, den Sie gemacht haben. Diese Klarheit nutzt uns überall da, wo weitere Entscheidungen anstehen oder wo wir uns nach außen erkennbar positionieren wollen. In dem Bewusstsein, dass wir als ganze Person mit den unterschiedlichen Anteilen, die zu uns gehören, handeln, übernehmen wir – für uns selbst und für andere sichtbar und überzeugend – Verantwortung für unser Tun und für unsere Werte und Ziele. Natürlich wird es immer wieder auch Anteile geben, die wir in einer Situation nicht berücksichtigen können. Mit diesen sollten wir uns innerlich zu versöhnen versuchen.

Ein Beispiel
Eine 45-jährige leitende Verlagsangestellte hatte immer davon geträumt, noch einmal zu studieren. Als in ihrer Abteilung eine grundlegende Veränderung anstand, nahm sie dies zum Anlass, zu kündigen und sich für ein Betriebswirtschaftsstudium einzuschreiben. Ihre Abschlussarbeit

verfasste sie zu einem Vertriebsthema, und zwar für den Bereich, in dem sie anschließend arbeiten wollte. Sie war stolz darauf, nach ihrem Examen gleich eine Stelle in einem kleinen Unternehmen in der gewünschten Branche gefunden zu haben. Neben den Druck der Einarbeitung trat jedoch in den ersten Monaten auf der neuen Stelle die Erwartung des Arbeitgebers, dass sie, was die Übernahme von Aufgaben betraf, flexibel zu sein hatte. Das empfand sie als Zumutung. Sie hatte das Gefühl, als „Mädchen für alles" betrachtet zu werden. Ihre Berufserfahrung, die sie in der Verlagsbranche gesammelt hatte, schien keine Bedeutung mehr zu haben. Sie konnte sich nicht vorstellen, lange in der Firma zu bleiben. Als sie ihren widerstreitenden Gefühlen Aufmerksamkeit zu schenken begann, fand sie heraus, dass in ihr zwei Stimmen miteinander stritten: eine, die stolz war, den Einstieg in die neue Branche geschafft zu haben, und eine andere, die ärgerlich war über die „Mädchen-für-alles"-Rolle. Indem sie beiden Stimmen lauschte, wurde ihr klar, dass es für sie darum ging, eine Balance zu finden zwischen einer angemessenen Lernhaltung dem Neuen gegenüber und einer klaren Selbstdarstellung als Berufserfahrene. Beim Nachdenken über ihre Expertise fand sie einen Aspekt, der ihr geeignet schien, für den neuen Arbeitgeber einen erheblichen Mehrwert zu bieten. Schritt für Schritt machte sie sich daran, diesen Aspekt an ihrem neuen Arbeitsplatz sichtbarer werden zu lassen.

11 Gut umgehen mit widerstreitenden Impulsen

Sich den inneren Anteilen zuwenden

Wenn wir uns den Stimmen der inneren Anteile, ihrem „Disput" – man könnte auch sagen: unserem „inneren Parlament" – zuwenden, kann das auch bedeuten, dass wir zunächst herausgefordert sind, uns mit dem zu versöhnen, was jetzt – da, wo wir aktuell stehen – möglich ist. Ziele, die uns motivieren, mögen uns, während wir ihnen näher kommen, verleiten, den erwarteten Ertrag immer mehr in den Fokus zu rücken. Wir sind dann womöglich versucht, auf „qualitative Sprünge" zu hoffen, damit es schneller vorangeht. Sorgen Sie dafür, dass Sie mit Ihrem Fundament in Kontakt bleiben. In Kap. 12 gehe ich detaillierter darauf ein.

Ein Beispiel

Eine Führungskraft beschäftigte im Rahmen eines Coachings die Frage, ob sie „den Erfolg verdient" hatte. Die berufliche Umorientierung war ihr gut gelungen. Doch jetzt brachte die neue Arbeitssituation sie plötzlich mit Menschen in Kontakt, die sehr erfolgreich waren. Das Gefühl, „da nicht zu bestehen", machte ihr zu schaffen. Bei der Auseinandersetzung mit ihren inneren Anteilen fand sie heraus, dass ein Anteil ihr den Vorwurf machte, sich von ihrer Herkunft, ihren familiären Wurzeln zu entfernen. Die Lösung bestand für sie darin, ab und zu ganz bewusst im beruflichen Kontext – da, wo es passte – eine Geschichte von ihrer Heimat, ihrer Familie zu erzählen, bei der sie mit Humor „einen liebevollen Blick auf früher" warf.

11.2 Mit widerstreitenden Gefühlen vertraut werden

Welchen Herausforderungen wir bei unserer beruflichen Umorientierung begegnen werden, ist vorher kaum abzuschätzen. Wenn wir uns jedoch den dabei auftauchenden Ambivalenzen zuwenden, dann kann Schritt für Schritt unsere Toleranz widerstreitenden Gefühlen gegenüber wachsen. Sich diesen Gefühlen – ganz gleich, wie unangenehm sie sein mögen – wertschätzend zuzuwenden, in der Annahme, dass jede dieser Stimmen ihre Berechtigung hat und für ein Bedürfnis steht, das anerkennenswert ist, bedeutet größere Akzeptanz. Und diese Akzeptanz dessen, was wir brauchen, erlaubt uns wiederum mehr Flexibilität im Handeln. Wir können mehr ausprobieren, haben einen größeren Spielraum für die nächsten Schritte, für das, was wir beruflich anstreben. Vielleicht werden Sie auf Ihrer neuen Position für andere sichtbarer sein als bisher – oder auch weniger sichtbar, je nachdem, was Ihr Ziel ist.

Ein Beispiel
Für eine 49-jährige Abteilungsleiterin stellte sich nach mehreren Jahren Tätigkeit als Führungskraft in einem Unternehmen im Sozial- und Gesundheitsbereich zunehmend die Sinnfrage. Sie vermisste den direkten Kontakt mit den Klienten. Sie entschied sich, ihre Führungsposition aufzugeben und erst einmal auf eine Stelle im Unternehmen zu wechseln, die ihrer früheren Position vergleichbar war. Mit diesem Schritt hoffte sie sich Luft für eine berufliche Neuorientierung zu

verschaffen. Die gewünschte Entlastung stellte sich ein. Sie hatte „jede Menge Energie und Ideen für Neues", und gleichzeitig bemerkte sie, wie schwer es ihr fiel, mit den Kollegen jetzt wieder „in einer Reihe zu stehen".

Neues Terrain betreten
Berufliche Veränderungen werden uns mit Umständen in Kontakt bringen, deren Auswirkungen auf unser Erleben wir jetzt kaum ermessen können, egal, wie gut wir uns vorbereiten mögen. Und so wie wir es mit kritischen inneren Stimmen zu tun bekommen können, wenn wir neues Terrain betreten, können wir auch vermehrt auf kritische Stimmen im Außen treffen.

11.3 Mit Kritikern umgehen

Nicht jeder in Ihrem Umfeld wird positiv auf Ihre berufliche Veränderung reagieren und sich mit Ihnen über Neues und Erreichtes freuen. Neben Anerkennung, Achtung und Wertschätzung mag Ihre Klarheit bei der Verfolgung Ihrer Ziele auch deutlich negative Reaktionen in Ihrer Umwelt auslösen und Kritiker und Neider auf den Plan rufen.

Ein Beispiel
Eine 45-jährige Grafikerin, die nach langjähriger Tätigkeit in einem Medienunternehmen erstmals wieder einen Illustrationsauftrag für ein Buch übernommen hatte, bekam die Gelegenheit, im Rahmen einer Radiosendung, in die sie als Medienexpertin eingeladen war, auf ihr Buch

hinzuweisen. Wenige Tage später sprach ein Kollege, der die Sendung zufällig gehört hatte, sie darauf an. Ohne auf das Buch einzugehen, fragte er, ob sie nicht aufgeregt gewesen sei, immerhin hätten ihr viele Tausend Menschen zugehört. Die Grafikerin ging darauf ein, beschrieb die Situation im Studio, die vielen Mikrofone …, als der Kollege sie unterbrach: Ja, genau, er kenne sie ja gut und habe deutlich die Unsicherheit und Aufregung in ihrer Stimme hören können. Die Grafikerin war sprachlos.

Mehr Abgrenzung
Gut möglich, dass die neue berufliche Situation von Ihnen z. B. mehr Abgrenzung fordert. Wer sichtbarer wird, wer das, was er gern und erfolgreich tut, anderen zeigt und darüber spricht, lädt damit, auch ohne es zu wollen, Kritiker ein. Was können Sie tun?

> **Tipp**
> Wir haben die Freiheit, die Reaktionen anderer – psychologisch gesprochen – grundsätzlich immer als „Einladung" zu betrachten. Und eine Einladung können wir annehmen, wir können sie aber auch ablehnen. Um es in einem Bild auszudrücken: Den Nachbarn, der bei Ihnen klingelt, müssen Sie nicht hereinbitten. Manchmal mag ein freundliches, aber bestimmtes „Ein andermal gern!" angebracht sein. Sie entscheiden.

Bei der Auseinandersetzung mit ihrem „inneren Parlament" identifizierte die Grafikerin aus dem obigen Beispiel die Stimme des Kollegen als die eines Neiders. Sie nahm sich vor, künftig weitere „Einladungen" dieses Kollegen, ihr Tun selbstkritisch zu reflektieren, möglichst auszuschlagen, in jedem Fall aber kritisch zu prüfen.

> **Tipp**
>
> Achten Sie darauf, bei neuen Schritten, die Sie machen, zunächst vor allem wohlwollende Kritiker in Ihre „Jury" aufzunehmen, d. h. Menschen, von denen Sie wissen, dass sie Ihre Arbeit schätzen und/oder denen es um die Sache geht, die Ihnen am Herzen liegt. Und dann entscheiden Sie, ob und wann es ggf. für Sie gewinnbringend sein könnte, von einem „Neider" oder gar „Feind" etwas zu lernen. Dann sind Sie aber gewappnet. Sie haben sich bewusst dafür entschieden und gute Gründe, auf einen Kritiker zu hören, der Ihnen nicht wohlgesonnen ist, z. B., weil das zu Ihrer Vorbereitung auf eine anstehende schwierige Verhandlung gehört.

Welche Reaktionen aus unserem Umfeld kommen, können wir weder vorhersehen noch kontrollieren. Wir können aber entscheiden, was davon wir „einladen", was wir annehmen. Mit anderen Worten: Wir können entscheiden, wie wir damit umgehen.

11.4 Wie Sie mit Loyalitätszwickmühlen umgehen

Und was ist mit denen, die uns nahestehen? Menschen, deren Urteil uns viel bedeutet? Unsere Familie, der Partner, die Partnerin mögen sich an die bisherige Situation gewöhnt haben. Sie haben sich darauf eingestellt und im Bestehenden eingerichtet. Zugespitzt gesagt: Sie konnten (bisher) sicher sein, womit bei Ihnen zu rechnen ist, wie Sie einzuschätzen sind. Menschen, die Ihnen wichtig sind, mögen Ihre berufliche Neuorientierung skeptisch verfolgen und sich vielleicht herausgefordert fühlen, sich zu positionieren. Möglicherweise empfinden sie Ihren Schritt gar als Infragestellung der bisherigen Ordnung in der Beziehung. Auch wir selbst mögen – vielleicht ohne dass es uns bewusst ist – bei Veränderungen den Verlust der Zuneigung, der Unterstützung, des Dazugehörens befürchten.

Veränderung zumuten
In der Regel haben wir ein gutes Gespür dafür entwickelt, was wir uns und anderen an Veränderung zumuten können. Unsere Loyalität nahestehenden Menschen gegenüber kann unsere beruflichen Schritte beeinflussen oder sogar dazu führen, dass wir diese Schritte erst gar nicht tun. So mancher lehnt, um nahestehenden Menschen die Treue zu halten und seine Liebe zu beweisen, einen vielversprechenden Job ab, erledigt eine ihm übertragene Aufgabe, die geeignet wäre, ihn für den nächsten Karriereschritt zu empfehlen, nur oberflächlich, reicht Unterlagen zu spät oder unvollständig ein etc. In der Regel ist uns diese Dynamik nicht bewusst.

Ein Beispiel
Eine Sozialpädagogin, die lange selbstständig als psychosoziale Einzelfallhelferin mit psychisch kranken Menschen gearbeitet hatte, erhielt im Alter von 55 Jahren

11 Gut umgehen mit widerstreitenden Impulsen

das Angebot, eine leitende Funktion in einem sozialpsychiatrischen Dienstleistungsunternehmen zu übernehmen. Sie entschied sich, die Stelle anzunehmen, und entwickelte innerhalb weniger Monate ein Konzept für ein Hilfeangebot an psychisch Kranke, das sehr erfolgreich war. Probleme bereitete ihr die Führung der Mitarbeiter. Sie zu motivieren fiel ihr leicht, doch Entscheidungen, die einer klaren Positionierung ihrerseits bedurft hätten, ließ sie in langen Runden mit allen Mitarbeitern diskutieren, um sie am Ende mit einer knappen Vorgabe zu beenden.

Als sie sich im Rahmen einer Beratung ihrem „inneren Parlament" zuwandte, wurde ihr klar, dass ihre Position als Vorgesetzte sie in einen großen Zwiespalt brachte. Immer wenn sie sich vornahm, die Chefrolle einzunehmen und im nächsten Meeting die erforderliche „klare Ansage zu machen", wurde eine Stimme hörbar, die von ihr als ehemaliger Kollegin lautstark „Solidarität" forderte und ihr „Verrat" vorwarf. Was können Sie tun, wenn Sie in einer solchen Loyalitätszwickmühle feststecken?

> **Übung**
>
> Machen Sie sich als Erstes klar, dass die Stimmen in Ihrem „inneren Parlament" streiten, während Sie von außen zuschauen. Es mag noch so hoch hergehen: Sie schauen zu, möglichst ohne Partei zu ergreifen. Vielleicht wollen Sie notieren, was die Stimmen sagen. Dann überlegen Sie: Welchen Ihrer Werte vertritt die jeweilige Stimme? Verhandelt wird später. Lassen Sie jede Stimme zu Wort kommen, und denken Sie daran: Es sind *Ihre Werte*, die sich da melden. Stellen Sie sich vor: Wenn Sie den beruflichen Schritt, den Sie planen, jetzt tun (oder bereits getan haben), welcher Wert würde bzw. wurde verletzt? Welche Möglichkeit gibt es, diesen Wert (ggf. im Nachhinein)

> trotzdem zu würdigen? Wie könnte das gehen? Was müssten Sie tun? Dann überlegen Sie: In welchem Kontext findet die Diskussion Ihrer Werte jetzt statt? Um was für eine Situation geht es? Was muss vielleicht mit Blick auf diesen Kontext, diesen Zusammenhang, Vorrang haben (Schulz von Thun 2010)?

Ein Beispiel

Eine Abteilungsleiterin berief vor einem wichtigen nächsten Schritt ihrer beruflichen Umorientierung eine Familienkonferenz ein. Ihr war klar, dass sie diesen Schritt ohne eine Änderung der bisherigen Aufgabenverteilung in der Familie nicht schaffen würde. Sie berichtete, dass der anfängliche Widerstand des Partners und auch der Söhne viel Geduld und Beharrlichkeit ihrerseits erfordert hatte. Sie war gezwungen gewesen, ihren Standpunkt und ihre Werte zu klären und klar zu vertreten. In der Arbeit mit den verschiedenen Stimmen ihres „inneren Parlaments" hatte sie sich auch in die Perspektiven der Familienmitglieder hineinversetzt. Sie war also darauf vorbereitet, deren ebenfalls berechtigte Anliegen zu hören. Es gelang ihr, ihre Familie für eine ungewöhnliche neue Lösung zu gewinnen. Sie schilderte, dass ihr danach viel Energie für die Verfolgung ihres beruflichen Ziels zur Verfügung gestanden habe und dass in ihrer Familie „eine ganz neue Art des Zusammenhalts" gewachsen sei.

11.5 Fazit und Ausblick

Wer sich in einer wertschätzenden Haltung gegenüber allen Stimmen in seinem „inneren Parlament" übt und die Werte, für die sie stehen, mit Blick auf sein Ziel gewichtet und verhandelt, der gewinnt Klarheit, Selbstwertschätzung und nicht zuletzt mehr innere Sicherheit. Diese kommt weniger von außen, sie wird vielmehr von innen heraus entwickelt. Das hat Auswirkungen auch auf unsere Kontakte. Gut möglich, dass sich Ihnen ganz neue berufliche Bereiche öffnen und Sie sich neuen Herausforderungen stellen. Wichtig: Bleiben Sie entspannt auf dem Weg zu Ihrem Ziel. Wenn Sie nicht so sehr den Ertrag fokussieren, den Sie am Ziel erwarten, sind Sie mit mehr Achtsamkeit für Ihre inneren Stimmen unterwegs, können immer wieder nach individuell stimmigen Lösungen Ausschau halten und finden die jetzt und hier richtige Schrittgröße und Geschwindigkeit. Vielleicht werden Sie ab und zu langsamer vorangehen, als Sie ursprünglich geplant hatten, und dann wieder schneller.

So können wir dafür sorgen, dass sich unser Ziel nicht verselbstständigt und wir nicht in Stress und unter Druck geraten. So lässt sich auch mit „Antreibern" gut umgehen. Was das heißt und wie das gelingen kann, darum geht es in Kap. 12.

Literatur

Peichl, J. (2010). *Jedes Ich ist viele Teile*. München: Kösel.
Schulz von Thun, F. (2010). *Miteinander reden. Das „innere Team" und situationsgerechte Kommunikation*. Reinbek bei Hamburg: Rowohlt.

12

Wenn ein Ziel zu sehr treibt

Was Sie in diesem Kapitel erwartet
Sie sind gut auf dem Weg, Ihr Ziel gibt Ihnen Orientierung, die Richtung. Sie haben Ideen, übernehmen neue Aufgaben, die Sie interessieren. Sie erleben Ihr Tun in der Abteilung, mit Kunden als wirksam und befriedigend. Ziele sind ein machtvolles Instrument für den, der sie zu handhaben weiß. Wer eine Weile damit arbeitet, erlebt die Dynamik, die Ziele entwickeln können. Wenn die Aufgaben, die wir übernehmen, herausfordernd und immer wieder auch erfolgreich lösbar sind, können wir in einen Flow geraten. Dann kommt es darauf an, das Ziel gut im Blick zu behalten. Andernfalls besteht die Gefahr, aus der Flow-Situation nicht mehr herauszufinden (Dörner 1997). Die gute und gesunde Steuerposition kann uns verloren gehen. In diesem Kapitel geht es darum, diese Schattenseite der Arbeit mit Zielen zu beleuchten und Wege des guten Umgangs damit aufzuzeigen.

Unterwegs mit dem Ziel
Ist man eine Zeit lang mit seinem Ziel unterwegs, gelingt es einem – das kennen Sie bestimmt – zunehmend besser, den Fokus darauf zu halten. Wir können dann schnell erkennen, was unserem Ziel förderlich ist und was nicht. Entscheidungen fallen uns leicht. Wir haben vielleicht sogar den Eindruck, dass das Ziel uns geradezu entgegenkommt. Wir haben Energie und jede Menge Ideen, fühlen uns lebendig und wach. Wir sind hoch motiviert. Auch Kollegen, Freunde und Partner nehmen das an uns wahr. Wir sind uns klar über das, was wir anstreben. Wir erleben, was wir alles in Gang setzen und bewirken können. Im Bewusstsein der eigenen Ressourcen sind wir sind gut im Kontakt mit anderen Menschen. Wir wagen Neues, unser Spielraum wird größer. Das Ziel zieht uns vorwärts.

12.1 Ziele entwickeln eine Dynamik

Ziele entwickeln eine solche Dynamik und sind insofern ein machtvolles Instrument. Sind sie einmal gut und stimmig gesetzt (Kap. 2), brauchen wir ihnen nur noch folgen. Hindernisse mögen wir dann als Ansporn nehmen, unsere Anstrengungen zu intensivieren. Und die Richtung ist klar: „höher, schneller, weiter", „effektiver" oder auch „noch niedrigere Kosten", „noch mehr Leistung in noch kürzerer Zeit" … So zugespitzt formuliert, wird klar, worauf es hinauslaufen kann: Ein höheres Ziel – so die Erfahrung – hat immer die Tendenz, ein niedrigeres, weniger anspruchsvolles zu entwerten. Wer einmal das Niveau erhöht hat, kann kaum dahinter zurück. Unser Wertmaßstab verschiebt sich unmerklich mit.

Diese Dynamik in der Arbeit mit Zielen kann Stress erzeugen. Wir können uns dann innerlich getrieben fühlen, unter Druck geraten. Ich treffe oft Seminarteilnehmer, die das so erleben. Wenn sie dann mit ihren inneren Anteilen zu arbeiten beginnen (Kap. 11), berichten sie, dass eine Stimme in ihrem „inneren Parlament" sie unerbittlich antreibt, z. B.: „Los, los, mach! Das muss doch klappen!" oder „Streng dich an" oder „Mach bloß keinen Fehler". Das kann die Stimme einer äußeren Autorität sein. In der Kindheit waren es unsere Eltern, die uns in dieser Weise „ermahnt" haben. Der amerikanische Arzt und Psychologe Eric Berne (1997) hat ein Modell dafür entwickelt, wie solche Ermahnungen aus der Kindheit verinnerlicht werden. Sie sind irgendwann Teil von uns, ohne dass uns das bewusst ist. Wir folgen weiterhin den Erwartungen und Ansprüchen, die wir als Kinder gehört haben.

Viele Menschen reagieren darauf, indem sie ihre Anstrengung noch weiter erhöhen. In meinen Seminaren sind das häufig Teilnehmer, die besonders motiviert sind und ihrer Aufgabe mit hohem Verantwortungsbewusstsein nachgehen. Sie wollen das selbst gesetzte Ziel erreichen, die erforderliche Leistung bringen, die Vorgaben des Arbeitgebers, die Unternehmensziele erfüllen, um Anerkennung zu bekommen und im Beruf weiterzukommen.

Ein Beispiel
Ein 50-jähriger Ingenieur hatte einige Jahre als Teamleiter gearbeitet, als im Unternehmen ein Personalprogramm aufgelegt wurde, mit dem verstärkt junge Ingenieure als Mitarbeiter gewonnen werden sollten. Damit hoffte man dem drohenden Fachkräftemangel zu begegnen. Als Teamleiter hatte der Ingenieur die Aufgabe, für eine gute Integration der Neuen in die aus vielen langjährigen Mitarbeitern bestehende Abteilung zu sorgen. Nach zwei sehr anstrengenden Jahren war es ihm gelungen, die Mitarbeiter „zu einem Team zusammenzuschweißen", in dem Vertrauen herrschte und eine gute Zusammenarbeit möglich war. Als wenige Monate später einige der älteren Mitarbeiter die Kündigung erhielten, geriet der Ingenieur in einen Burn-out.

12.2 Abstand gewinnen

Das Ziel zu hinterfragen, das wir verfolgen – das mag ein eigenes oder auch ein Unternehmensziel sein, das wir uns zu eigen gemacht haben –, gelingt oft nicht, auch dann nicht, wenn wir Druck und Stress erleben, weil es nicht gut läuft. Kein Wunder, denn wir sind mit dem Ziel intensiv verbunden. Wir haben keinen Abstand mehr dazu. Dabei wäre es wichtig, Distanz herzustellen, um das Ziel untersuchen zu können und zu überprüfen, *wofür* wir uns so anstrengen. Wie sich die notwendige Distanz wiederherstellen lässt, zeigt die folgende Übung.

> **Übung**
>
> Nehmen Sie sich einen Moment Zeit – eine halbe Stunde sollte reichen –, an einem Ort, an dem Sie ungestört sind. Sie können die Augen schließen oder den Blick senken. Denken Sie nun für einen Moment an eine Situation, in der Sie den Druck spüren, ein Ziel zu erreichen. Jetzt lade ich Sie ein, für das, was da Druck macht – nennen wir es „den Antreiber" –, ein inneres Bild zu suchen. Angenommen, dieser Antreiber wäre ein Lebewesen, eine Person – oder vielleicht auch ein Tier? Was wäre das für Sie? Nehmen Sie sich Zeit. Vielleicht haben Sie spontan eine Idee – gut. Welche Gestalt hätte Ihr Antreiber? Wie groß wäre er? Wo steht oder sitzt er? Ihnen gegenüber? Hinter oder vor Ihnen? Nah oder weit weg? Tut er etwas, oder ist er einfach nur da? Wenn Sie ein Bild von Ihrem Antreiber haben, dann verändern Sie seine Position. Wohin in Ihrem inneren Vorstellungsraum müssten Sie ihn rücken, damit er keinen Druck mehr macht? Vielleicht wollen Sie verschiedene Positionen ausprobieren? Seien Sie genau, bis Sie spüren, jetzt haben Sie es: *Da* müssten Sie ihn hinrücken, damit es entspannter für Sie wird. Er ist noch da, aber Sie haben ihm einen Platz zugewiesen, der es Ihnen erlaubt, sich aufzurichten und sich in seiner Anwesenheit kraftvoll und wach zu fühlen. Und wenn Sie mögen, können Sie ihm – sozusagen als Erinnerungshilfe – einen (Spitz-)Namen geben. Wenn er dann das nächste Mal auftaucht, könnten Sie ihn begrüßen, vielleicht sogar mit ihm reden, verhandeln.

Manchem Coachee bereitet diese Übung anfangs ein bisschen Mühe. Etwas zu imaginieren – denn das ist es, was Sie tun – braucht manchmal einen zweiten Anlauf. Doch es ist gut möglich, dass Ihnen der „Antreiber" mit der Zeit vertraut wird und Sie ihn ohne große Mühe vor Ihrem inneren Auge entstehen lassen und in eine Position schieben können, die es Ihnen erlaubt, *in seiner Anwesenheit* kraftvoll und entspannt zu sein. Warum ist das sinnvoll? Oder andersherum gefragt: Warum ist es nicht sinnvoll, den Antreiber weghaben zu wollen?

12.3 Antreiber ignorieren und sich entspannen?

Ich treffe häufig Seminarteilnehmer, die sich angesichts des Drucks, den ihnen eine Aufgabe, die sie übernommen haben, bereitet, wünschen, sich „endlich entspannen" zu können. Das ist sehr verständlich. Doch eine gute Lösung ist das nicht. Warum ist das nicht empfehlenswert? Weil die Erfahrung zeigt, dass der Versuch, Antreiber zu ignorieren und sich zu entspannen, in solchen Situationen dazu führen kann, dass der Antreiber noch stärker, die innere Stimme noch lauter, das schlechte Gewissen noch größer wird. Vielleicht kennen Sie das: Wir wünschen uns, dass der Druck nachlässt, und befürchten zugleich, dass wir, wenn wir dem Wunsch nach Entspannung nachgeben, ganz kraftlos und nicht mehr in der Lage sein werden, jemals wieder die Spannung aufzubauen, die wir brauchen, um aktiv zu werden. Die Lösung ist deshalb auch hier – wie im Umgang mit ambivalenten Anteilen

(Kap. 11) –, uns dem, was uns antreibt, zunächst einmal zuzuwenden, statt es zu ignorieren. Das ist der erste Schritt.

Damit holen wir das Unbewusste mit ins Boot, das für die gewünschte Veränderung so wichtig ist. Da das Unbewusste vor allem über Bilder, Symbole und Metaphern erreichbar ist, imaginieren wir den Antreiber. In der Vorstellung der meisten Menschen ist er zu nah, zu groß … Und so nah, so groß macht er Druck und wirkt bedrohlich. Deshalb muss er anders positioniert werden. In der Imagination können wir das tun. Und indem wir das tun, gewinnen wir Distanz. Die wirkt sich sofort entlastend auf unser Erleben aus. Probieren Sie es aus. Aus der imaginierten und in diesem Moment auch erlebten Distanz können wir das, was uns antreibt – sozusagen aus sicherer Entfernung – dann genauer untersuchen.

Als Nächstes lade ich Sie zu einem Gedankenexperiment ein: Angenommen, der Antreiber wäre nicht nur ein Stressverursacher, sondern in ihm würde, wie in all unseren unliebsamen inneren Anteilen (Kap. 11) auch, etwas Wertvolles stecken: Könnten wir ihn dann nicht nutzbar machen für unser Ziel? Die folgende Übung zielt genau darauf: in Antreibern eine Ressource zu entdecken, die Sie nutzen können.

Übung

Rufen Sie sich eine Situation in Erinnerung, in der Ihr innerer Antreiber „auftritt" und Ihnen Druck macht. (Das kann dieselbe Situation sein wie in der Übung in Abschn. 12.2 oder eine andere – Sie wählen.) Jetzt achten Sie darauf, *wie* der Antreiber Druck macht. Tut er etwas? Wenn ja,

> was? Sagt er etwas? Wiederholt er ständig dasselbe, oder variiert das, was er sagt? Notieren Sie seine Worte.
> Einmal angenommen, der Antreiber will eigentlich nichts Böses, sondern vielleicht sogar das Beste für Sie. Überlegen Sie: Was könnte das sein, wofür er Sie antreibt? Wie Sie das herausfinden? Stellen Sie sich vor, er hätte alles erreicht, was er will und wofür er Sie antreibt. Wo wären Sie dann? Und wie ist es dort, wo Sie angekommen sind? Lassen Sie sich Zeit, sich das auszumalen. Notieren Sie, was Ihnen dazu einfällt. Und danach weisen Sie dem Antreiber in Ihrer Vorstellung wieder eine ihm gemäße Position zu. Wohin müssen Sie ihn rücken, damit Sie sich *in seiner Anwesenheit* wach und kraftvoll fühlen?

Die positive Wirkung
Indem wir diese Übung machen, nutzen wir den Antreiber, d. h., das, was Druck macht. Wir stellen uns den Ort vor, zu dem der Antreiber uns hintreiben will. Und diese Vorstellung entfaltet bereits in dem Moment, in dem wir sie haben, eine positive Wirkung. Hirnforscher sagen, das funktioniert, weil unser Gehirn nur die Gegenwart kennt. Deshalb hat alles, was wir imaginieren, sofort eine Wirkung. In der ersten Übung (Abschn. 12.2) ist es der Abstand, der bewirkt, dass wir uns entspannen und wieder eine sichere, steuernde Position einnehmen. In der zweiten Übung (s. oben) ist es der positive Ort, an den uns der Antreiber bringen will.

Es ist also nicht ratsam, den Antreiber aus Ihrem Leben zu verbannen, denn er mag eine gute Absicht haben, einen guten Grund, Sie anzutreiben. Probieren Sie es aus. Mit den letzten beiden Übungen verschwindet der Antreiber nicht. Das wollen wir auch nicht, denn dann würde ja auch die Kraft, die in ihm steckt, verloren gehen. Was wir wollen, ist, etwas verändern, in Bewegung bringen. Das nutzt uns und unserem Ziel.

12.4 Wenn der Körper „Stopp!" sagt

Wenn wir gut mit unserem Ziel unterwegs sind, ein Problem vielleicht mit viel Einsatz erfolgreich gelöst haben, dann beflügelt uns das. Womöglich nehmen wir uns dann gleich am nächsten Tag vor, „alles andere" auch noch „in Angriff" zu nehmen. So erging es dem Ingenieur aus dem Beispiel oben: Nach dem Burn-out kam er während einer Reha-Maßnahme rasch wieder zu Kräften. Er mochte seine Arbeit, also begann er sich zu bewerben und hatte Erfolg. Die Termine für mehrere Vorstellungsgespräche hatte er schon vereinbart, als ein Bandscheibenvorfall fürs Erste all seine Pläne zunichtemachte.

Vielen Menschen gelingt es erst, Distanz zu Ihrem Ziel herzustellen, wenn der Körper sich einmischt, vielleicht sogar „Stopp!" ruft. Manchmal drückt der Körper die Stopptaste, obwohl wir eigentlich noch weitermachen wollten. Hohe Anforderungen an uns können wir ja durchaus auch als reizvoll erleben. Sie kennen das: Wenn man eine Aufgabe hat, die herausfordernd ist, einem aber gut gelingt und immer wieder auch Erfolge beschert, beschäftigt man sich gern damit. Fast jeder Mensch kennt solche Flow-Erlebnisse (Csikszentmihalyi 1985). Doch dabei kann nicht nur das Ziel aus dem Blick geraten, auch der Körper kann uns einen Strich durch unsere Pläne machen. Das mag hart sein, sogar leidvoll, bis wir wieder auf den Beinen sind. Vielen meiner Coachees und Seminarteilnehmer jenseits der 45 ist diese Erfahrung vertraut. Das Stopp-Signal kann eine heftige Grippe sein oder ein Schmerz in der Schulter. Es muss nicht unbedingt etwas mit Ihren beruflichen Zielen zu tun haben – der Körper und die Einschränkungen, mit denen er uns (meist vorübergehend) konfrontiert, ist einfach immer wieder einmal Thema.

> **Tipp**
>
> Wenn es uns gelingt, auf die Signale unseres Körpers zu hören, können wir diese – mit einiger Übung – auf dem Weg in Richtung Ziel als Kompass nutzen. Damit bekommt die oben beschriebene Dynamik von Zielen sozusagen ein irdisches Gegengewicht. Achten Sie also darauf, nicht nur das Ziel und den erwarteten Ertrag zu fixieren. Richten Sie Ihre Aufmerksamkeit immer wieder auch auf die Gegenwart. Ihr Körper hilft Ihnen dabei. Äußere Einschränkungen lassen sich als Erinnerungshilfe nutzen. Anders gesagt: Variieren Sie die Schrittlänge auf dem Weg zum Ziel. Sie können große Schritte tun, aber bleiben Sie flexibel und bereit das Tempo zu wechseln, kleine Schritte zu tun. Und auch die wertzuschätzen. Und wenn eine Herausforderung bewältigt ist, planen Sie Zeit ein, um zu verschnaufen und die Landschaft um Sie herum wahrzunehmen.

12.5 Angenommen, der Körper wäre klug ...

In meinen Seminaren treffe ich häufig auf Menschen, die die Erfahrung gemacht haben, dass ihr Körper zu ihren Plänen „Nein" gesagt hat. Ich würde Sie gern für ein

Gedankenexperiment gewinnen. Sind Sie bereit? Also: Einmal angenommen, es wäre klug von unserem Körper, wenn er uns manchmal stoppt, während wir eigentlich noch weiterarbeiten wollen. Das ändert natürlich nichts daran, dass es sehr unangenehm sein kann, wenn er das tut. Niemand lässt sich gern einen Strich durch seine Pläne machen. Was also würde es bringen, dieses Nein einmal so zu betrachten? Hätte das irgendwelche Vorteile für uns? Angenommen, der Körper wäre klug, was wäre dann zu tun? Zunächst einmal könnten wir auf ihn hören, ihm Beachtung schenken. Die folgende Übung zeigt, wie das gehen kann.

> **Übung**
>
> Angenommen, Ihr Körper macht durch einen Schmerz oder dadurch, dass etwas plötzlich nicht mehr wie sonst funktioniert, auf sich aufmerksam. Und einmal angenommen, er hat ein berechtigtes Anliegen. Dann könnten Sie folgende Fragen stellen:
>
> - Worauf macht er mich aufmerksam?
> - Wofür könnte das gut sein, dass er mich dazu bringt, innezuhalten?
> - Was braucht er, um mich auf dem Weg zum Ziel unterstützen zu können?
> - Was könnte ich tun, um ihm gerecht zu werden?
> - Wie könnte das gehen?
>
> Wenn Sie mögen, notieren Sie, was Ihnen einfällt.

Gut möglich, dass Sie anschließend ein bisschen gemütlicher mit Ihren Zielen unterwegs sind. Vielleicht wollen Sie ab und zu etwas Aufmerksamkeit auf ein „gutes

Unterwegssein" geben oder derweil das Leben ein bisschen mehr genießen? Wir müssen es ja nicht an die große Glocke hängen, wenn wir das tun, zumindest nicht, während wir in Kontexten unterwegs sind, in denen vor allem Leistung und Erfolg zählen.

12.6 Das Ziel hilft, mit äußeren Antreibern umzugehen

Wer seine inneren Antreiber kennt und einen Weg gefunden hat, sie für seine Ziele zu nutzen, der fragt sich vielleicht, ob das auch bei äußeren Antreibern gelingen könnte. Äußere Antreiber am Arbeitsplatz – das können Kollegen sein oder auch ein schwieriger Vorgesetzter. Begegnungen mit diesen Antreibern können uns das Leben ebenfalls schwer machen.

> **Tipp**
> Denken Sie daran: Wir können andere Menschen nicht ändern. Was wir aber tun können, ist, unsere eigenen Reaktionen auf Unangenehmes zu steuern. Denn darauf, wie wir etwas bewerten, haben wir sehr wohl Einfluss.

In der Regel gibt es in der Hierarchie immer jemanden über uns. Und dieser Jemand ist durch seine Funktion eine Schlüsselfigur, wenn es darum geht, wie unsere Leistung im Unternehmen wahrgenommen wird. So wie er oder sie Sie im besten Fall unterstützend begleitet, so mögen Sie im weniger guten Fall vielleicht einen fordernden „Alles-so-schnell-wie-möglich"-Vorgesetzten haben. Es mag bitter sein, aber es nicht sehr wahrscheinlich, dass es Ihnen gelingt, einen personellen Wechsel zu bewirken. Besser, wir gehen davon aus, dass es Gründe gibt, warum der oder die Vorgesetzte diese Position innehat. Denn gleichgültig, ob Fach- oder Führungskompetenz, eine gute Vernetzung im Unternehmen, gute Kundenkontakte oder eine besondere Expertise der Grund sind: Am besten bringen Sie ihm oder ihr eine angemessen wertschätzende Haltung entgegen. Wer selbst Führungsverantwortung trägt, für den mag es ein Leichtes sein, sich in die Perspektive eines Vorgesetzten hineinzuversetzen.

Es mag aber Situationen geben, die schlechterdings nicht auszuhalten und auch nicht zu ändern sind. Manchmal bleibt uns vielleicht tatsächlich nur, das Unternehmen zu verlassen und unser Glück anderweitig zu suchen. Aber dann haben wir dafür gesorgt, dass wir gut vorbereitet sind.

Sein Ziel zu kennen hilft
Ein persönliches Ziel kann es uns leichter machen, uns mit schwierigen Vorgesetzten oder Kollegen zu „arrangieren". Wir wissen dann nämlich, *wofür* wir das tun. Mit Blick auf unser Ziel können wir uns gar dafür entscheiden, ein schwieriges Gegenüber als Erinnerungshilfe zu akzeptieren. Ihm nicht auszuweichen, sondern die Begegnung zu bejahen. Das bedeutet nicht, dass wir keine Grenzen setzen müssen. Wie könnte das gehen?

> **Übung**
>
> Erinnern Sie sich an die letzte Begegnung mit dem schwierigen Gegenüber? Nehmen Sie sich einen Moment Zeit, die Situation vor Ihrem inneren Auge entstehen zu lassen. Imaginieren Sie Ihr Gegenüber in Hochform, also in der Form, die bei Ihnen unangenehme Gefühle auslöst und Ihnen üblicherweise zu schaffen macht. Dann überlegen Sie: Was wäre mit Blick auf Ihr Ziel ein guter Umgang mit diesem Gegenüber? Was sollten Sie tun? Wie sich verhalten, sodass es Ihrem Ziel zuträglich ist? Seien Sie genau: Wie müssten Sie dastehen, wie sich bewegen? Was vielleicht sagen? Um in künftigen Begegnungen mit dem schwierigen Gegenüber diese wünschenswerte optimale Reaktion zeigen und Ihre Kompetenz nutzen zu können, müssten Sie sich daran erinnern. Welches Symbol könnten Sie wählen, das geeignet ist, Sie künftig an Ihre gewünschte Reaktion zu erinnern? Wenn Sie etwas gefunden haben, dann „schmücken" Sie in der Vorstellung Ihr Gegenüber mit diesem Gegenstand – er wird Sie künftig daran erinnern, welche Reaktion Sie zeigen wollen.

12.7 Fazit und Ausblick

Auf dem Weg zu Ihrem Ziel können Sie Ihre inneren Antreiber kennenlernen. Wenden Sie sich ihnen zu, um daraus Unterstützendes für Ihren Weg zu gewinnen: z. B. eine Vorstellung davon, wie es an dem Ort aussieht, an den der Antreiber, der das Beste für Sie möchte, Sie bringen will. Auch für den Umgang mit äußeren Antreibern, schwierigen Vorgesetzten beispielsweise, ist das Wissen um das eigene Ziel nützlich. Im nächsten Kapitel (Kap. 13) geht es darum, wie wir unterwegs eigene Fortschritte und Veränderungen wahrnehmen.

Literatur

Berne, E. (1997). *Was sagen Sie, nachdem Sie guten Tag gesagt haben? Psychologie des menschlichen Verhaltens.* Frankfurt a. M.: Fischer.

Csikszentmihalyi, M. (1985). *Das Flow-Erlebnis. Jenseits von Angst und Langeweile im Tun aufgehen.* Stuttgart: Klett-Cotta.

Dörner, D. (1997). *Die Logik des Misslingens: Strategisches Denken in komplexen Situationen.* Reinbek bei Hamburg: Rowohlt.

13

Und zuletzt: Veränderungen wahrnehmen

Was Sie in diesem Kapitel erwartet
In einem beruflichen „Neubau" die Veränderung wahrzunehmen, im Aufbruch das Spannende, Positive zu entdecken fällt uns leicht. Eine Umorientierung in kleinen Schritten dagegen fordert einen genaueren Blick von uns. In diesem Kapitel geht es um Wahrnehmungsphänomene und um Wachstum. Die Betrachtungsweisen, die Sie hier finden, lassen sich als unterstützende Begleitung für die berufliche Veränderung nutzen. Es ist nie zu spät, nach mehr Zufriedenheit im Beruf zu streben. Was man dabei berücksichtigen sollte, erfahren Sie hier.

13.1 Wenn der Aufbruch beflügelt

Wer beruflich ganz „neu baut" (Abschn. 7.1), der wird, sobald der Startschuss gefallen ist, alle Aufmerksamkeit auf das Neue richten. Das mag die Ausbildung für den neuen Beruf sein, eine Fortbildung, die Selbstständigkeit, ein Studium. Den meisten Menschen fällt es leicht, in so einem Aufbruch das Positive zu erkennen und zu schätzen. Die Aufgabe von Gewohnheiten und Verhaltensweisen, die uns nicht mehr dienlich sind, mögen wir als Erleichterung erleben: morgens zu einer anderen Zeit aufstehen, nicht mehr den immer selben Arbeitsweg zurücklegen, vielleicht auch den Abschied von langjährigen Kollegen und Vorgesetzten und die Befreiung von Strukturen im Unternehmen, die wir als starr, als einengend erlebt haben … Unser Fokus verlagert sich ganz auf all das Spannende und Herausfordernde unseres beruflichen „Neubaus": Wir eignen uns neue Fähigkeiten an, erarbeiten uns neue Wissensgebiete, bereiten uns auf Prüfungen vor. Vielleicht bewerben wir uns erstmals nach vielen Jahren wieder und führen Vorstellungsgespräche. Den Aufbruch mögen wir genießen, die dann folgenden Schritte können uns jedoch auch verunsichern. Selbst nach guter Recherche wissen wir nie genau, was uns erwartet. Und wenn wir alle Prüfungen geschafft, alle Fortbildungen absolviert haben und im neuen Beruf angekommen sind, können wir uns auf die Schulter klopfen. Wir haben allen Grund, stolz zu sein.

13.2 Wenn Veränderung in kleinen Schritten daherkommt

Mit der Orientierung am jeweils Machbaren brauchen wir für eine berufliche Neuorientierung einen langen Atem und viel Geduld, denn die Veränderung wird allmählich geschehen. In der Physik gibt es den Begriff der Wahrnehmungsschwelle: Er besagt, dass Reize aus der Umwelt erst wahrgenommen werden, wenn sie eine bestimmte Intensität, eine bestimmte Stärke haben. Etwas, das sich sukzessive verändert, mag lange unterhalb dieser Reizschwelle bleiben. Wenn wir also sukzessive vorgehen, wie bekommen wir dann mit, dass sich etwas in die von uns angestrebte Richtung entwickelt? Nun, Veränderung geschieht möglicherweise auch dann, wenn wir nichts sehen. Es gibt z. B. Pflanzen, etwa Bärlauch oder Bambus, bei denen es recht lange dauert, bis die Keimlinge sichtbar sprießen. In dieser Zeit brauchen die Samen bestimmte

Temperaturen und müssen regelmäßig gegossen werden. Während dieser Phase sieht man nichts und kann nicht einmal wissen, ob die Keimlinge noch leben. Wer jedoch die nötige Geduld aufbringt, wird oft mit bestem Wachstum belohnt.

Menschen, die unzufrieden sind mit ihrer beruflichen Situation, hoffen, dass sich sehr bald etwas zum Angestrebten, zum Positiven hin verändert. Allerdings zeigt die Erfahrung auch, dass wir gelöste Probleme oft vergessen, sobald sie gelöst sind. Kennen Sie das? Manchmal wundern wir uns sogar, wenn jemand, der Zeuge dieser Situation war, uns daran erinnert. Um wahrnehmen zu können, dass sich etwas in die von uns angestrebte Richtung verändert hat, brauchen wir eine Vorstellung davon, wie es am Zielort ist. Damit haben wir gewissermaßen einen Referenzpunkt. Es lohnt sich also, sich das, was Sie anstreben, einmal genau und mit allen Sinnen auszumalen (vgl. Kap. 5).

Von der Wohlfühl- in die Wachstumszone
Deutlich wahrnehmen können viele Menschen beispielsweise den Moment, in dem sie ihre sogenannte Wohlfühlzone verlassen: den gedachten Raum, in dem uns alles vertraut ist. Da bewegen wir uns wie ein Fisch im Wasser, kennen uns aus, fühlen uns wohl und sicher. Und wir spüren es meist ganz genau, wenn wir diese Zone verlassen, z. B. dann, wenn wir eine neue berufliche Aufgabe übernehmen. Dazu müssen wir einen Schritt in unbekanntes Gelände tun. Manche nennen den Bereich, den wir dann betreten, die „Wachstumszone". Jeder, der Neues lernt, betritt sie. Das kann – zumindest zeitweilig – mit

unangenehmen Gefühlen, manchmal auch mit Panik einhergehen. Wo die Wachstumszone beginnt, ist individuell verschieden. Sie kann bei dem entscheidenden Gespräch anfangen, das uns bevorsteht, bei einem Vortrag, den wir erstmals halten, bei einem Auftritt. Wer sich in diese Zone hineinbegibt, besser gesagt, wer da hindurchgeht, der macht einen Wachstumsschritt. Für ein Ziel, das uns am Herzen liegt, nehmen wir solches Unbehagen in Kauf. Wer übt, lernt, damit vertraut zu werden. Der kann die Wachstumszone erobern und zu einem Teil seiner Wohlfühlzone machen.

Und wenn Veränderung Erfolg bedeutet?
Ob und wie wir Veränderung wahrnehmen, hat auch damit zu tun, wie wir mit Erfolg umgehen. Manchmal können Menschen es gar nicht so weit kommen lassen, dass sie sich ihrem beruflichen Ziel nähern. Man könnte auch sagen: Den eigenen Erfolg nehmen wir nur dann wahr, wenn wir ihn uns auch zugestehen und ihn aushalten können. Nicht wenige Menschen beantworten die Frage „Habe ich das verdient, dass es mir gut geht, dass ich Erfolg habe?" keinesfalls sofort beherzt mit einem „Ja". Gut möglich, dass auch Sie sich Schritt für Schritt an Ihr Ziel herantasten müssen. Vielleicht müssen Sie auch erst einmal mit Ihren inneren Anteilen verhandeln (Kap. 10). Eine berufliche Neuorientierung wird uns neue persönliche Erfahrungen bescheren. Da passt es manchmal vielleicht ganz gut, wenn die Veränderungen, die wir initiiert haben, sich erst langsam entfalten. Das gibt uns Zeit, sie innerlich und persönlich nachzuvollziehen, sie uns bewusst zu machen und damit vertraut zu werden.

13.3 Wenn Veränderung uns mit der Vergangenheit hadern lässt

Ich treffe häufiger Seminarteilnehmer und Coachees, die einen wichtigen beruflichen Schritt gemacht haben, die damit einhergehende persönlich bedeutsame Veränderung deutlich wahrnehmen und es dann mit einem Gefühl von „Reue" zu tun bekommen: Sie fragen sich, warum sie die Veränderung, über die sie „eigentlich glücklich" sind, nicht schon früher geschafft haben – dann „wären doch ganz andere berufliche Schritte möglich gewesen".

Ein Beispiel
Ein 54-jähriger Journalist, der nach seinem Germanistikstudium viele Jahre für verschiedene überregionale Zeitungen tätig gewesen war, begann für ein Literaturarchiv zu arbeiten. Mit den Jahren gelangte er dort in eine repräsentative Position. Darauf hatte er lange hingearbeitet. An diesem Punkt seiner beruflichen Laufbahn haderte er damit, diese Position nicht schon viel früher erreicht zu haben. Er erinnerte sich an Vorschläge, die sein Vater ihm gleich nach dem Studium gemacht hatte. Die hatte der ehemalige Journalist jedoch ausgeschlagen, weil er sich das „damals nicht zugetraut" hatte. Das „bereute" er jetzt.

Das Bisherige ist die Wurzel
Wer mit einer Veränderung, die er angestrebt und erreicht hat, an einen solchen Punkt gelangt – und nicht wenigen Menschen geht das so –, der tut gut daran, das Bisherige

als „Wurzel" zu betrachten, aus der das Neue gewachsen ist. Weder können wir die Vergangenheit korrigieren, noch war etwas davon überflüssig. Gärtner wissen das. Aus heutiger Sicht, mit all den gesammelten Erfahrungen, mögen wir frühere Schritte kritisch betrachten und uns den damals fehlenden Weitblick vorwerfen. Damit messen wir jedoch frühere Entscheidungen an unserem heutigen Wissens- und Erfahrungsstand. Gut denkbar, dass der Schritt, den wir jetzt gemacht haben, ohne das Vorherige gar nicht möglich gewesen wäre. Statt sich eine Korrektur der Vergangenheit zu wünschen, ist es besser, nach dem zu suchen, was genau durch diese Abfolge von Ereignissen an Besonderem erst möglich geworden ist.

Unseren beruflichen Werdegang erzählen
Wir wählen – oft ohne dass es uns bewusst ist – eine bestimmte Art, unseren beruflichen Werdegang zu „erzählen". Wie wir das tun, hat jedoch Auswirkungen darauf, wie hoffnungsvoll wir in die Zukunft schauen. Gut handlungsfähig ist, wer zuversichtlich auf das vor ihm Liegende blicken kann. Das können wir fördern, indem wir nach Punkten in unserer Vergangenheit Ausschau halten, an die sich anknüpfen lässt. Danach zu suchen lohnt sich. Denn wenn wir Bewahrenswertes finden, zeigt das, dass wir unsere guten Seiten nicht aus den Augen verlieren. Ihnen halten wir die Treue.

13.4 Und wenn nicht mehr viel Zeit bleibt?

Mancher fragt sich vielleicht, was zu tun ist, wenn „nicht mehr viel Zeit bleibt" für das beruflich Angestrebte, für eine Veränderung. Die amerikanischen Psychologen Zimbardo und Boyd haben sich intensiv mit der Frage auseinandergesetzt, aus welcher Orientierung – auf die Vergangenheit, die Gegenwart oder die Zukunft – Zufriedenheit resultiert (Zimbardo und Boyd 2009). Ihre Antwort: Auf die Balance zwischen den Dreien kommt es an. Was heißt das für unsere berufliche Neuorientierung? Angesichts der begrenzten Zeit empfiehlt es sich, den Blick nicht nur weit voraus zu schicken. Besser, unsere Zukunftsorientierung ist moderat, und wir achten darauf, auch mit Positivem aus der Vergangenheit in Kontakt zu bleiben. Am besten gelingt das, wenn wir etwas finden, für das wir dankbar sind. Und noch ein „besser": Wir sorgen für gutes Unterwegssein in der Gegenwart.

Eine andere Facette der Zukunftsorientierung drückte eine Seminarteilnehmerin, gefragt nach ihrem beruflichen Ziel, so aus: Sie hoffe, dass aus ihr noch etwas werde. Ihr war es wichtig, beruflich „noch etwas zu erreichen", etwas, das geeignet war, zu beweisen, dass aus ihr – mit Blick auf ihren erfolgreichen Partner – „auch etwas geworden" ist. In der Psychologie gibt es den Begriff des „sozialen Vergleichs": Laut dem amerikanischen Sozialpsychologen Leon Festinger neigen wir dazu, die eigenen Fähigkeiten und Leistungen durch den Vergleich zu anderen einzuschätzen. Dabei streben wir vor allem danach, ein positives Bild von uns selbst zu bekommen. Dieser soziale Vergleich läuft mehr oder weniger automatisch ab. Auch Informationen über andere beziehen wir häufig auf uns selbst, wir messen uns mit ihnen: Wie stehen wir da? Das gehört zu unserer Leistungsgesellschaft. Manch einer sieht das kritisch und möchte, dem vielleicht eine andere Betrachtungsweise – gewissermaßen als Ausgleich – an die Seite stellen. Mit der folgenden Übung lade ich Sie zu einem Gedankenexperiment ein.

> **Übung**
> Stellen Sie sich in Gedanken in eine Reihe mit allen Menschen, die ihnen einfallen. Angenommen, rechts von Ihnen stehen all die Menschen, die „besser" sind als Sie. Und auch links neben Ihnen geht die Reihe weiter: Da stehen diejenigen, die „schlechter" sind als Sie. Wichtig ist jetzt: Wenn Sie in die Richtung schauen, in der diejenigen stehen, die „besser" sind als Sie – die gibt es ja immer –, dann lassen Sie sie besser sein. Und wenn Sie den Blick wenden und zu denjenigen schauen, die „schlechter" sind als Sie – auch die gibt es immer –, achten Sie sie.

13.5 Die Veränderung einladen

Wer im Beruf unzufrieden ist, hat vielleicht das Gefühl, unbedingt etwas ändern zu müssen. Das bedeutet jedoch im Umkehrschluss: Da ist etwas jetzt nicht in Ordnung. Warum ist es wichtig, in einer solchen Lage *auch* nach etwas Ausschau zu halten, dass – bei allem Veränderungswunsch – erhaltenswert sein könnte? Weil die Erfahrung zeigt, dass derjenige, der glaubt, unbedingt etwas verändern zu müssen (wenn es in einer Situation nichts Positives gibt, ist das ja gut nachvollziehbar), unter erheblichen Druck geraten kann. Wer dagegen in einer Situation, die er als veränderungswürdig betrachtet, *auch* etwas Schätzenswertes entdeckt, der mildert den Veränderungsdruck und macht sich stattdessen mit einer neugierigen, einladenden Haltung auf den Weg. Manchmal „geschieht" Veränderung gerade dann, wenn wir nicht mehr glauben, unbedingt etwas ändern zu müssen.

13.6 Und wenn etwas nicht zu ändern ist?

Beruflich etwas Neues zu erschaffen ist innovativ. Es fällt uns leicht, Aufbrüche als etwas Positives, Spannendes zu schätzen und zu erleben. Und auch wenn wir im Verlauf unserer Neuorientierung etwas beenden, uns von etwas verabschieden, können wir das als positiv und erleichternd erleben. Wir trennen uns von Gewohnheiten und Verhaltensweisen, die uns nicht mehr dienlich sind. Schwer hingegen fällt es den meisten Menschen, das zu akzeptieren, was – vorerst zumindest – nicht zu ändern ist. Das klingt nach Niederlage und Erduldenmüssen. Die Erfahrung, nicht selbstwirksam sein zu können, nehmen wir allenfalls unwillig an. Das kann eine bittere Pille sein. Aber auch die kann im Veränderungsprozess eine Rolle spielen. Wenn wir mit Strukturen im Unternehmen konfrontiert sind, auf die wir keinen Einfluss haben, oder mit einer eigenen inneren Grenze, an die wir immer wieder stoßen, kann Akzeptanz unglaublich wertvoll sein. Vielleicht haben Sie das auch schon erlebt? Akzeptieren, was nicht zu ändern ist, kann manchmal erleichternd, ja geradezu befreiend wirken und zu ungewöhnlichen Momenten und Verhaltensweisen führen, mit denen wir uns selbst überraschen.

Statt eines Fazits ein Ausblick
Zum Schluss ein letztes Gedankenexperiment: Angenommen, wir hätten nur noch nicht bemerkt, was sich bereits verändert hat? Was wäre dann?

Literatur

Zimbardo, P., & Boyd, J. (2009). *Die neue Psychologie der Zeit und wie sie Ihr Leben verändern wird*. Heidelberg: Spektrum.

Sachverzeichnis

A

Abgrenzung 196
Abstand 206
Akzeptanz 229
Alter
  als Ressource 6
  als Thema 6
  ältere Berufstätige
    Gesundheit 7
    Lernfähigkeit 10
    Wachstumsprozesse 8
Alternsforschung 6
Ambivalenzen 186
Anforderungen, äußere 23
Annäherungsziele 63
Anschlusspunkte 105, 111
Anteile, innere 188
Antreiber 208
  äußere 214
  nutzen 210
  wegrücken 207
Arbeitswelt,
  Veränderungen der 15
Aufgabenfelder 174
  ausbalancieren 175
Ausrichtung 29, 51

B

Berufserfahrung 78, 106
Bestandsaufnahme 14

eigener Stärken und
    Fähigkeiten 79
und existenzielle
    Themen 43
Beziehungen s. Kontakte
Bilder und Metaphern 68
Burn-out 43, 211

D

Digitalisierung 82
Distanz 118
    wiederherstellen 207

E

Einflussnehmer 146, 162
Einschränkungen
    gesundheitliche 178
    kompensieren 9
Elevator Pitch 154
Entscheider 146
Erfahrungen, existenzielle 43
Ermahnungen aus der
    Kindheit 205

F

Fähigkeiten 40, 78, 84, 88,
    153
Fehler machen 155
Flexibilität 17
    durch kleinere
        Schritte 121

Flow 32, 74, 204
    Schattenseiten 211
Fragen älterer Berufstätiger 3

G

Geduld 221
Gefühle 49, 120
    ambivalente 186, 189, 194
Geld verdienen 85
Gestaltungskraft 29
Gewohnheiten verändern 172
Globalisierung 83
Grenzen, körperliche 178

H

Hindernisse 166
    gesundheitliche 178
    Gewohnheiten 172
    Lebenssituation 174
Hirnforschung 74, 210

I

Identität, berufliche 104
Interessen 78, 85

K

Kindheit, Ermahnungen
    aus der 205
Klarheit 29

Kompass, innerer 6, 31
Kontakte 143
   knüpfen 159, 160
   Qualität 8
Kontinuität 32
   und Werte 51
Kontur, berufliche 31, 80, 91, 95
Körper
   kluger 179, 213
   Rückmeldungen 180
   Stoppsignale 211
Körpersignale 120, 180
Krise 25, 45, 137
   als Prozess 42
   Umgang mit 41
kristalline Intelligenz 9
Kritiker 94
   Umgang mit 195

L

Lebensphase 11
Lebensplan 11
Leidenschaft 85
Lerngeschwindigkeit 9
Loyalitätszwickmühlen 197

M

Machbares 70, 75
   Orientierung auf 118, 132
   vs. das Richtige 121

Merkfähigkeit 9
Motivation 20, 29, 48, 59, 95, 129

N

Neuorientierung
   als Prozess 5, 26
   berufsbegleitende 108
   partielle 105
   völlige 103

P

Passung 78, 94
Plastizität, neuronale 10
Positives erinnern 41
Profil, persönliches s. Kontur, berufliche

Q

Qualifikationen 83

R

Recherche 108
Ressourcen 117, 142
   mobilisieren 38
Risiko 115, 133
   eingrenzen 116, 157
Rückkopplungsschleife 30
Rückmeldungen nutzen 93
Rückschläge 166

S

Selbstwirksamkeit 27, 129, 132
Sicherheit 85
Sinnerleben 45, 50
somatische Marker 65
Spaß 48, 84, 148
Stärken 39, 78, 84, 153, 157
Steuerungsposition 36, 45
Stimmen, innere 188, 189
Stimmigkeit, individuelle 4

T

Tätigkeiten, bisherige 80
Themen, existenzielle 43

U

Übungen
  Anschlusspunkte finden 111
  Antreiber nutzen 209
  Antreiber wegrücken 207
  Aufgabenfelder und Schwerpunkte 176
  Einflussnehmer finden 146
  Erste Reflexion der Ziele 60
  Fantasiereise „Werte" 52
  Fragen an den Körper 213
  Gedankenexperiment zum sozialen Vergleich 227
  Kontakte sammeln 144
  Kontakte sortieren 150
  Lebens- und Tätigkeitsbereiche 80
  Lebenssituation 13
  Loyalitätszwickmühlen 199
  Meine berufliche Kontur 95
  Meine beruflichen Ziele 23
  Neues lernen 10
  Positive Situationen erinnern 39
  Risiken abwägen 158
  Rückmeldungen anderer 94
  Sehnsuchtsziele loslassen 137
  Sich mit Erfolgen verbinden 131
  Tätigkeiten sortieren und gewichten 85
  Umgang mit Problemsituationen 169
  Umgang mit schwierigem Gegenüber 216
  Unterstützer suchen 147
  Was ist sofort machbar? 71
  Was lässt sich nutzen? Was fehlt noch? 124
  Was mache ich mit Leidenschaft? 67
  Was sind meine Werte? 52
  Welche Fähigkeiten nutze ich? 91
  Widerstreitende innere Stimmen 190
  Wie sieht es am Ziel aus? 74
  Wo stehe ich beruflich? 5

Sachverzeichnis

Wofür bin ich dankbar? 44
Zukunftsvision 68
Unabhängigkeit, innere 31
Unbewusstes 49
Unterstützer 145, 147
  innere 152
Unzufriedenheit 20

V
Veränderung
  und Reue 224
  wahrnehmen 223
Veränderungsbereitschaft 16
Vergangenheit
  hadern mit der 224
  wertschätzen 225
Vergleich, sozialer 226
Verhaltensmuster
  flexibilisieren 171
Vermeidungsziele 63
Vision 67, 69, 129
Vorlieben 67

W
Wachstumsprozesse 8
Wachstumszone 223
Wahrnehmungsschwelle 221
Werte 53, 85
  Definition 51

Wertschätzung 162
Wissen 89
Wohlfühlzone 222

Z
Ziele
  Attraktivität 65
  Definition 21
  Dynamik von 205
  eigene 27
  Fokussierung auf 29
  gute Gründe für 28
  in Unterziele übersetzen 69
  Kategorien 8
  klären 58
  motivierende Kraft 62
  positive und negative 63
  rationale 49
  Schattenseiten 205
  Sehnsuchtsziel 130
  und Gefühle 49
  und Lebensphase 178
  und persönliche Werte 48
  von außen vorgegebene 23
  vs. Wünsche 21
Zufriedenheit 27
Zukunftsorientierung 226
Zukunftspläne 40
Zweifel 188

MIX
Papier aus verantwortungsvollen Quellen
Paper from responsible sources
FSC® C105338

If you have any concerns about our products,
you can contact us on
ProductSafety@springernature.com

In case Publisher is established outside the EU,
the EU authorized representative is:
**Springer Nature Customer Service Center GmbH
Europaplatz 3, 69115 Heidelberg, Germany**

Printed by Libri Plureos GmbH
in Hamburg, Germany